CHENSI DE ZHIZHE

沉思的智者

主编◎王子安

他们的思想充满智慧，启迪了无数人，是人类文明的瑰宝。

42位
思想家的智慧图腾
（第4卷）

汕头大学出版社

图书在版编目（ＣＩＰ）数据

沉思的智者：42位思想家的智慧图腾. 第4卷 / 王子安主编. -- 汕头：汕头大学出版社，2012.5（2024.1重印）
ISBN 978-7-5658-0809-8

Ⅰ．①沉… Ⅱ．①王… Ⅲ．①思想家－生平事迹－世界－青年读物②思想家－生平事迹－世界－少年读物 Ⅳ．①K815.1-49

中国版本图书馆CIP数据核字（2012）第096855号

沉思的智者：42位思想家的智慧图腾. 第4卷

主　　编：王子安
责任编辑：胡开祥
责任技编：黄东生
封面设计：君阅书装
出版发行：汕头大学出版社
　　　　　广东省汕头市汕头大学内　邮编：515063
电　　话：0754-82904613
印　　刷：河北浩润印刷有限公司
开　　本：710 mm×1000 mm　1/16
印　　张：12
字　　数：80千字
版　　次：2012年5月第1版
印　　次：2024年1月第2次印刷
定　　价：55.00元
ISBN 978-7-5658-0809-8

版权所有，翻版必究
如发现印装质量问题，请与承印厂联系退换

前　言

自古以来，中华民族即具有以"圣人立言、家祖立训"的方式来育子、治家的传统。我们的祖先通过编写包含历代圣哲贤人的经典话语与为人处世的故事，家族祖辈的家法家规与训子语录，从而在"父教子、子教孙"的世代教授、相予中，而着力培养子孙后代的德行品质，在"成事先成人、立业先立德"的道德标榜中，塑造着家族的精神与形象。在中国古代，诸如《大学》、《论语》、《四书》、《五经》、《女儿经》、《弟子规》等等，无一例外的都是一种个人道德修养的必修读物。古人期望通过这些华夏民族经典古籍中所记录的有关圣贤们的言行故事，而从中悟出做人的道理，进而使家族的精神、道德得以世代继承，而保持家族的荣光，或永恒昌富，或由贫而贵。在古代，家如此，国亦如此，无论是公立私塾还是皇家太学，对于古代贤者精英的言行道德学习与模仿，始终是王朝教育的一项重要内容。

历史发展到今日中国，我们的民族已经进入"崇尚发展个人的价值，崇尚民族的整体精神，复兴中华民族悠久历史文化"的时期，一股股国学浪潮正在蓬勃发展。崇文诵典，重新重视"圣人言""圣人书"，已逐步得到推广与民众的认可。尤其是对于今日那些身处大众媒体高度发达、信息资源极端丰富背景下的中国青少年来说，他们一方面由于信息的灵便而可以享受到资讯时代的便捷，另一方面也不可避免地会遭遇到成长时的迷茫。对于青少年成长中的"成长迷茫"，是可以通过讲述古人的人生故事、才智故事与人生态度，而给予他们以有益的帮助的，因为"榜样的力量是无穷的"。

《沉思的智者——42位思想家的智慧图腾》共分四卷，按照"生平简介、童年岁月、教育历程、人生故事、婚姻爱情、人生理念"的结构,详细介绍了42位古今中外著名思想家的点点滴滴。书中精心选取了我国古代的孔子、老子以及西方的苏格拉底、柏拉图、马克思等古今中外42位著名的思想大师,通过讲述他们的人生历程、人生故事、人生语录与人生理念,给予青少年以人生成长的启示与为人处世的道理。具有很强的知识性、可读性、趣味性,是读者必选的课外读物之一。

当然,在具体到某些个别人物时,由于资料的缺陷而造成编写时并未严格按照"生平简介、童年岁月、教育历程、人生故事、婚姻爱情、人生理念"的结构去编写,一些人物在文献中的资料缺乏,可能造成讲述该人物时,会显得资料单薄。另外,由于编者水平与时间的有限、仓促,使得此书难免会存在一些不足之处,敬请广大青少年读者予以见谅,并给予批评。希望此书能够成为广大青少年读者成长的良师益友,并使青少年读者的思想得到一定程度上的升华。

2012 年 5 月

目 录

柏拉图 ·· 1
亚里士多德 ·· 19
托马斯·阿奎纳 ··· 35
哥白尼 ·· 46
培　根 ·· 57
牛　顿 ·· 80
伏尔泰 ·· 107
康　德 ·· 117
卢　梭 ·· 132

黑格尔	142
费尔巴哈	153
孟德斯鸠	164
圣西门	171
傅立叶	175
笛卡尔	179

◎柏拉图

柏拉图（约前 427—前 347 年），古希腊伟大的哲学家，也是全部西方哲学乃至整个西方文化最伟大的哲学家和思想家之一，他和老师苏格拉底，学生亚里士多德并称为古希腊三大哲学家。

柏拉图出身于雅典贵族，他的母亲是雅典立法者梭伦的后裔，青年时从师苏格拉底。苏氏死后，他游历四方，曾到埃及、小亚细亚和意大利南部从事政治活动，企图实现他的贵族政治理想。公元前 387 年活动失败后逃回雅典，在一所称为阿卡德米的体育馆附近设立了一所学园，此后执教 40 年，直至逝世。他一生著述颇丰，其教学思想主要集中在《理想国》（又译作《国家篇》）和《法律篇》中。

柏拉图

教学思想

柏拉图是西方客观唯心主义的创始人，其哲学体系博大精深，对其教学思想影响尤甚。柏拉图认为世界由"理念世界"和"现象世界"所组成。理念的世界是真实的存在，永恒不变，而人类感官所接触到的这个现实的世界，只不过是理念世界的微弱的影子，它由现象所组成，而每种现象是因时空等因素而表现出暂时变动等特征。由此出发，柏拉图提出了一种理念论和回忆说的认识论，并将它作为其教学理论的哲学基础。

柏拉图认为人的一切知识都是由天赋而来，它以潜在的方式存在于人的灵魂之中。因此知识不是对世界物质的感受，而是对理念世界的回忆。教学目的是为了恢复人的固有知识。教学过程即是"回忆"理念的过程。在教学中，柏拉图重视对普遍、一般的认识，特别重视学生思维能力的培养，认为概念、真理是纯思维的产物。同时他又认为学生是通过理念世界在现象世界的影子中才得以回忆起理念世界的，承认感觉在认识中的刺激作用。他特别强调早期教育和环境对儿童的作用。认为在幼年时期儿童所接触到的事物对他有着永久的影响，教学过程要通过具体事物的感性启发，引起学生的回忆，经过反省和思维，再现出灵魂中固有的理念知识。就此而言，柏拉图的教学认识是一种先验论。

柏拉图的教学体系是金字塔形。为了发展理性，他设立了全面而丰富的课程体系，他以学生的心理特点为依据，划分了几个年龄阶段，并分别授以不同的教学科目。0—3岁的幼儿在育儿所里受到照顾。3—6岁的儿童在游乐场内进行故事、游戏、唱歌等活动。6岁以后，儿童进入初等学校接受初级课程。在教学内容上，柏拉图接受了雅典以体操锻炼身体，以音乐陶冶心灵的和谐发展的教育思想，为儿童安排了简单的读、写、算、唱歌，同时还十分重视体操等体育训练项目。17—20岁的青年升入国立的"埃弗比"接受军事教育，并结合军事需要学习文化科目，主要有算术、几何、天文、音乐。20—30岁，经过严格挑选，进行10年科学教育，着重发展青年的思维能力，继续学习"四科"，懂得自然科学间的联系。30岁以后，经过进一步挑选，学习5年，主要研究哲学等。至此，形成了柏拉图相对完整的金字塔形的教学体系。

根据其教学目的，柏拉图吸收和发展了智者的"三艺"及斯巴达的军事体育课程，也总结了雅典的教学实践经验，在教育史上第一次提出了"四科"（算术、几何、天文、音乐），其后便成了古希腊课程体系的主干和导源，支配了欧洲的中等与高等教育达1500年之久。

柏拉图认为，每门学科均有其独特的功能，凡有所学，皆会促成性格的发展。在17岁之前，广泛而全面的学科内容是为了培养公民的一般素养，而对于未来的哲学家来讲，前面所述的各门学科都是学习辩证法必不可少的知识准备。文法和修辞是研究哲学的基础；算术是为了锻炼人的分析与思考能力；学习几何、天文，对于航海、行军作战、观测气候、探索宇宙十分重要；学习音乐则是为了培养军人的勇敢和高尚的道德情操。同时，他还很重视选择和净化各种教材，如语言、故事、神话、史诗等，使其符合道德要求，以促进儿童心智之发展。就教学方法而言，柏拉图师承苏格拉底的问答法，把回忆已有知识的过程视为一种教学和启发的过程。他反对用强制性手段灌输知识，提倡通过问答形式，提出问题，揭露矛盾，然后进行分析、归纳、综合、判断，最后得出结论。

理性的训练是柏拉图教学思想的主要特色。在教学过程中，柏拉图始终是以发展学生的思维能力为最终目标的。在《理想国》中，他多次使用了"反思"和"沉思"两词，认为关于理性的知识唯有凭借反思、沉思才能真正融会贯通，达到举一反三。感觉的作用只限于现象的理解，并不能成为获得理念的工具。因此，教师必须引导学生心思凝聚，学思结合，从一个理念到达另一个理念，并最终归给为理念。教师要善于点悟、启发、诱导学生进入这种境界，使他们在"苦思冥想"后"顿开茅塞"，喜获"理性之乐"。这与苏格拉底的助产术有异曲同工之妙。

《理想国》

柏拉图的教学思想几乎涉及到教学领域中的所有重要方法。他第一个确定了心理学的基本划分，并使之与教学密切联系起来。他继承并发展了斯巴达的依据年龄特征划分教学阶段的教学理论，在教学的具体内容、形式、方法和手段上则更多地总结与采用了雅典的经验，提出了全面、和谐发展的课程体系。他十分注重在教学中发展学生的思维能力，强调探讨事物的本质，这些都给了后世教育家们以巨大的影响和启迪。但是，柏拉图夸大了理性发展在教学中的意义。他主张的通过回忆和沉思冥想以致知的教学过程，反映了其对掌握知识理解中的唯心主义倾向。特别是他把理性绝对化、孤立化，使感觉和理性之间对立起来的思想，以致成了中世纪经院派教条主义教学方法的理论基础。他有一句名言：不知道自己的无知，乃是双倍的无知。

政治思想

在《理想国》中，柏拉图设计了一幅正义之邦的图景：国家规模适中，以站在城中高处能将全国尽收眼底，国人彼此面识为度。柏拉图认为国家起源于劳动分工，因而他将理想国中的公民分为治国者、武士、劳动者3个等级，分别代表智慧、勇敢和欲望3种品性。治国者依靠自己的哲学智慧和道德力量统治国家；武士们辅助治国，用忠诚和勇敢保卫国家的安全；劳动者则为全国提供物质生活资料。3个等级各司其职，各安其位。在这样的国家中，治国者均是德高望重的哲学家，只有哲学家才能认识理念，具有完美的德行和高超的智慧，明了正义之所在，按理性的指引去公正地治理国家。治国者和武士没有私产和家庭，因为私产和家庭是一切私心邪念的根源。劳动者也绝不允许拥有奢华的物品。理想国还很重视教育，因为国民素质与品德的优劣决定国家的好坏。柏拉图甚至设想在建国之初就把所有10岁以上的人遣送出国，因为他们已受到旧文化的熏染，难以改变。全体公民从儿童时代开始就要接受音乐、体育、数学到哲学的终身教育。教育内容要经严格选择，荷马、赫西俄德的史诗以及悲剧诗人们的作品，一律不准传入国境，因为它们会毒害青年的心灵。柏拉图自称这是"第一等好"的理想国，其他的政体都是这一理想政体的蜕变。理想政体由于婚配的不善引起3个等级的混杂，导致争斗，军人政体随之兴起。军人政体中，少数握有权势者聚敛财

《理想国》

富，形成寡头政体。贫富矛盾的尖锐化导致民众的革命，产生民主政体。民主政体发展到极端时又会被僭主政体所取代。

《政治家篇》约作于柏拉图后两次去叙拉古之间（公元前367—前361年），这是他在叙拉古的政治实践受到挫折，思想发生变化的时期。《政治家篇》主旨是讨论真政治家及政治的定义。柏拉图在这篇对话中提出了政治中道、混合的概念；首次明确论述了法律的作用并以法律作为划分政体的标准。他认为，真政治家（哲学王）无需用法律统治，但现实中真政治家极为罕见，即使有真政治家，法律也还有一定的作用。因为政治不仅是一种艺术，亦是一门科学。法律对于政治家，犹如教练和医生的训练方案和处方一样，法律虽然在理论上是荒谬的，在实践中却是必要的。

　　柏拉图在其最后的作品《法律篇》中进一步发挥了关于法律的作用的思想。从理想出发，他推崇哲学王的统治，"没有任何法律或条例比知识更有威力"；从现实出发，他强调人类必须有法律并且遵守法律，否则他们的生活将如同最野蛮的兽类。在这一思想指导下，他在12卷的《法律篇》中，设计了他的"第二等好"的城邦，包括地理环境、疆域大小、人口规模与来源、国家经济生活、阶级结构、政治制度、法律等细则。由于指导思想的变化，第二等好的城邦与《理想国》中的正义之邦相比，在具体措施上有很大区别。主要有：政治制度由哲学王执政的贤人政体转为混合政体，以防止个人专权。《理想国》主张统治者实行公产、公妻、公餐、公育制，《法律篇》则恢复了私有财产和家庭。《理想国》中划分公民等级是依照其先天禀赋的优劣，而《法律篇》则是按照后天财产的多寡。

爱情观

柏拉图和亚里士多德是古希腊哲学家中最有影响的人，而在他们两个人中间，柏拉图对于后代所起的影响尤其来得大。柏拉图著书以他的老师苏格拉底之口表述说，当心灵摒绝肉体而向往着真理的时候，这时的思想才是最好的。而当灵魂被肉体的罪恶所感染时，人们追求真理的愿望就不会得到满足。

在欧洲，很早就有被我们中国人称之为"精神恋爱"的柏拉图式的爱，这种爱认为肉体的结合是不纯洁的，是肮脏的，认为爱情和情欲是互相对立的两种状态。因此，当一个人确实在爱着的时候，他完全不可能想到要在肉体上同他所爱的对象结合。

在今天的人们看来，柏拉图的爱情观让人不可思议。而有一位美国学者却对今人所理解的这种柏拉图的爱情观，提出了新的见解。美国东西部社会学会主席、《美国家庭体制》一书的作者伊拉·瑞斯经研究后认为，柏拉图推崇的精神恋爱，实际上指的是同性之间的一种爱，也就是"同性恋"。古希腊人认为，同性恋的过程更多的是灵交、神交，而非形交。而在女性很少受教育的古希腊社会，男人很难从女人中找到精神对手，这就是柏拉图偏重男性之间的爱情的原因。柏拉图坚信"真正"的爱情是一种持之以恒的情感，而唯有时间才是爱情的试金石，唯有超凡脱俗的爱，才能经得起时间的考验。

而美国的社会学者对"柏拉图式的爱情"是只有神交的"纯爱情"，还是虽有形交却偏重神交的高雅爱情，也众说纷纭。但有一点是可以肯定的，即柏拉图认为爱情能够让人得到升华。他说，对活得高尚的男人来说，指导他行为的不是血缘，不是荣誉，不是财富，而是爱情，世上再也没有一种情感像爱情那样深植人心。一个处在热恋中的人假如作出了不光彩的行为，被他的父亲、朋友或别的什么人看见，都不会像被自己的恋人看见那样，使他顿时苍白失色，失去一切的一切，无力面对自己爱的人和爱自己的人。

柏拉图（Platon，前427—前347）古希腊哲学家。苏格拉底的学生，亚里士多德的老师。著《理想国》等。

柏拉图

柏拉图与亚里士多德的思想比较

亚里士多德在十七或十八岁时来到雅典，成为柏拉图学院的学生。他在那儿呆了约20年，直到公元前347年柏拉图去世。柏拉图对他产生了重大影响，尽管他最终与柏拉图哲学分道扬镳，形成了自己的哲学体系。他的哲学可以说在许多方面与柏拉图讲授的观点对立，不仅针对柏拉图的理念论，也针对他的政治学说：因为从某种意义上说，柏拉图式往上趋向理念，亚里士多德则注意众多的特定现象。柏拉图试图建立永久完美的理想国理论，而亚里士多德却从考察已有的国家形式入手，试图在这些国家中找到能够实现的最好形式。

柏拉图式爱情

柏拉图式爱情，以西方哲学家柏拉图命名的一种异性间的精神恋爱，追求心灵沟通，排斥肉欲。柏拉图式爱情最早于15世纪提出，作为苏格拉底式爱情的同义词，用来指代苏格拉底和他学生之间的爱慕关系。

柏拉图认为：当心灵摒绝肉体而向往着真理的时候，这时的思想才是最好的。而当灵魂被肉体的罪恶所感染时，人们追求真理的愿望就不会得到满足。当人类没有对肉欲的强烈需求时，心境是平和的，肉欲是人性中兽性的表现，是每个生物体的本性，人之所以是所谓的高等动物，是因为人的本性中，人性强于兽性，精神交流是美好的、是道德的。

柏拉图式的爱情有以下的意义：（1）理想式的爱情观（比喻极为浪漫或根本无法实现的爱情观）；（2）纯精神的而非肉体的爱情；（3）男女平等的爱情观；（4）在这世上有，且仅有一个人，对你（妳）而言，她（他）是完美的，而且仅对你（妳）而言是完美的。也就是说，任何一个人，都有其完美的对象，而且只有一个。

第一个意义最常被使用，但其实是一个误解。不过既然大家都这样用，也就算是另一个意义了。这误解来自于柏拉图的一个有名的著作《理想国》。该书探讨如何建构一个理想的国度，因其或许过于理想化而难以实现，故有人以此来诠释何谓柏拉图式的爱情。

第二个意义也经常被使用，但基本上也是误解。这误解来自柏拉图的形而上学，他认为

柏拉图

思想的东西才是真实的而我们看见的所谓的"真实世界"的东西反而不是真实的。第三和第四个意义才真的是柏拉图的爱情观或两性观。柏拉图认为人们生前和死后都在最真实的观念世界，在那里，每个人都是男女合体的完整的人，到了这世界我们都分裂为二。所以人们总觉得若有所失，企图找回自己的"另一半"（这个词也来自柏拉图的理论）。柏拉图也用此解释为什么人们会有"恋情"。

  在他的理论中，没有哪一半是比较重要的，所以，男女是平等的。而且，在观念世界的你的原本的另一半就是你最完美的对象。他/她就在世界的某个角落，也正在寻找着你。柏拉图有关爱情的阐述主要见于其《会饮篇》中。其中有从低到高各种层次的爱，有凡人的爱，也有近神的爱。

  首先，爱情是内在的本原的需求。柏拉图提到了这样一种神话：起初，世界上有三种人，太阳之神代表的男人，大地之母代表的女人以及月亮代表的阴阳人。人的官能和力量都是现在的两倍。宙斯为了削弱人类，把人劈成两半，一石两鸟，一方面个体人类只有原来一半那么强大，另一方面他们的数量加倍，由此可以更好地侍奉神族。所以，人类一直在寻找自己的"另一半"，原始的男人和女人的后代便有同性恋倾向，原始的阴阳人的后代便是异性恋倾向。一旦找到了自己的另一半，特别是两位男性之间，那么"尽管很难说他们想从对方那里得到什么好处，但这样的结合推动着他们终生生活在一起。在他们的爱情中，那些纯粹的性快乐实在无法与他们从相陪伴中获得的巨大快乐相比。他们的灵魂实际上都在寻求某种别的东西，这种东西他们叫不出名字来，只能用隐晦的话语和预言式的谜语道出。"这一切实际上都是人类原始状态的残余，我们本来是完整的，而我们现在正在企盼和追随这种原初的完整性，这就是所谓的爱情。而全体人类，包括所有男人与女人，他们的幸福只有一条路，这就是实现爱情，通过找到自己的伴侣来医治我们被分割了的本性。爱神卡洛斯将在今生引导我们找到自己的爱人，并给我们的来世带来希望。只要我们敬畏诸神，那么爱神终有一天会治愈我们的病，使我们回归原初状态，生活在快乐和幸福之中。

其次，柏拉图的爱神是走向至善形式的灵魂冲动。灵魂是爱的基础，至善是爱的终极追求。在《会饮篇》中，先知迪奥提玛说道，爱就是对不朽的期盼，而一切可朽者都在尽力追求不朽。以生育繁衍为目的的交往是延续轮回的低级追求，而最高等级的爱是热爱最终可以达到善的形式的智慧和哲学。人的肉体是可朽的，唯有精神不朽。一个人的品格愈高尚，雄心壮志也就愈大，因为他们爱的是永恒。纯粹的、高尚的、以至善为最高目的、以智慧和哲学为追求对象的爱情，沉浸其中的两人关系会更加牢固，他们的交往会更加完整，胜过夫妻的情分，这是因为"他们创造出来的东西比肉体的子女更加美丽、更加长寿"。在这一层面，爱情是人生最主要的理想，与它相比，财富、门第、权柄都不过是浮云腐土罢了。

第三，爱是各种流变状态的极致，美和丑，爱和怨，平凡与高贵，爱处于两种极端的中间地带。在柏拉图笔下，爱神卡洛斯的诞生是贫乏之神趁着丰富之神醉酒的机会接近爱与美之神阿佛洛狄忒并与之结合的产物。因此，他是一个天生贫乏却又充满追求欲的孩子。他天生处于两种极端之中，他的父亲贫穷而愚蠢，母亲富有、充满智慧，这就决定了他生命的道路必须与智慧为伍，终生不断追求，视智慧为生命。他具有丰富和贫乏两个方面，是有限的和不完美的，但也保留了善和美的痕迹。柏拉图就这样把"爱情"置于一个概念的罅缝中，爱神卡洛斯成为了一个抽象的概念，因为他"处于任何常态和可描述的形态之间"，代表的是像"苏格拉底的无知"那样促人向上的动力，获得智慧理想的内在力量。柏拉图认为，这种力量包含了情感、欲望、意志和感觉，这也是柏拉图对爱情元素的定义，爱情促使人产生一种追求幸福的欲望。

柏拉图

柏拉图主义

　　柏拉图主义是数学历史上影响最大的数学哲学观点，它起源于古希腊的柏拉图，此后在西方数学界一直有着或明或暗的柏拉图主义观念，19世纪它在数学界几乎占了统治地。20世纪初，数学基础三大学派的争议刚趋平息，柏拉图主义观点又成为讨论的热点之一。柏拉图主义的基本观点：数学的对象就是数、量、函数等数学概念，而数学概念作为抽象一般或"共相"是客观存在着的。柏拉图认为它们存在于一个特殊的理念世界里，后世的柏拉图主义者并不接受"理念论"，但也认为数学概念是一种特殊的独立于现实世界之外的客观存在，它们是不依赖于时间、空间和人的思维的永恒的存在。数学家得到新的概念不是创造，而是对这种客观存在的描述；数学新成果不是发明，而是发现。与之相应的，柏拉图主义认为数学理论的真理性就是客观的由那种独立于现实世界之外的存在决定的，而这种真理性是要靠"心智"经验来理解，靠某种"数学直觉"来认识的，人们只有通过直觉才能达到独立于现实世界之外的"数学世界"。

柏拉图

由于认为数学概念是一种真实的存在，所以现代柏拉图主义也被称为"实在主义"。柏拉图主义在西方近现代数学界有相当大的影响，一些数学巨匠如 G. 康托尔、罗素、哥德尔、布尔巴基学派基本上都持这种观点。一般认为，所以如此不是偶然的，这是数学反映客观世界，数学具有客观真理性这一素朴信念在哲学上的反映。而正因为如此，柏拉图主义对数学的历史发展就具有一定的积极作用：它促使数学家们在自己的研究中采取客观的科学的立场，而且，当某些高度抽象的数学理论因找不到现实原型而为人们所怀疑时，它也有可能给人们以一定的信念。尽管这种信念是盲目的，从而就有可能导致错误。

柏拉图主义的错误是显然的：把反映形式当作了认识对象；把抽象当作具体的客观存在；认为一种思维形式本身是客观的当然具有客观的真理性。离开人的实践来考察真理性必将导致谬误。

柏拉图主义在哲学上是一种客观唯心主义，宣称信仰柏拉图主义并非意味着接受柏拉图的所有见解，而往往只是对如下特定思想的认同，即理念形式是存在的、永恒的，并比世界中的现象更实在、更完美，甚至是唯一真正实在和完美的实体。这个体系还包括认为理念形式只能由灵魂所认识等。

对柏拉图主义的辩护有：语言对象的抽象描述的一般性和其所描述对象的特殊性的对比；数学对象的抽象和毫无疑问的精确性等。柏拉图主义中的理念形式在不同的情形下往往具有不同的意义。如一类事物的名称、数学对象、自然定律等。它以理念论为中心，包括宇宙论方面的宇宙生成说，认识论方面的回忆说，伦理观与社会政治观方面的四主德与理想国的学说，美学方面的"摹本"说，探求理念体系的概念辩证法以及教育学说等。柏拉图主义是欧洲哲学史上第一个庞大的客观唯心主义体系，对后世西方哲学的影响极大。

柏拉图对后世的影响

柏拉图，从任何方面来说，是西方文学传统上最耀眼的作家之一，也是哲学史上最有洞察力，广泛和影响力的作家。作为一个高地位的雅典公民，在他的工作中，他显示出对政治事件和当时的知识分子活动的专心，但是他提出的问题是这么影响深远，他使用的处理问题的策略，有丰富暗示性和振奋性，教育了差不多每一时期的读者，某种程度上都是受他的影响。几乎在每一个时代都有哲学家认为他们在某些重要的方面是柏拉图主义者，他不是第一个应该使用"哲学家"这个词的思想家或作家，但是他对于哲学该如何构思，它的范围及正确的追求目标是那么自知。通过他全力抓住

柏拉图

的，哲学的主题，一般认为的——对伦理、政治、形而上学、认识论议题的严格与系统的考察，通过一个有特色的被称为是他发明的方法装备起来，他是如此地改变了知识分子潮流。哲学史上只有少数的其他作家在深度和广度上接近于他：也许只有亚里士多德（和他一起学习的人），阿奎纳和康德会是普遍同意的拥有相同地位。

柏拉图与他的学生亚里士多德比起来，在西方得到更多的尊重和注意，因为他的作品是西方文化的奠基文献。在西方哲学的各个学派中，很难找到没有吸收过他的著作的学派。在后世哲学家和基督教神学中，柏拉图的思想保持着巨大的辐射力，被称为是西方哲学的奠基人。有的哲学史家认为，直到近代，西方哲学才逐渐摆脱了柏拉图思想的控制。

公元12世纪以前，亚里士多德的学说一直被教廷排斥，甚至欧洲已经不再流传亚里士多德的著作。当时，柏拉图的学说占统治地位，因为圣奥古斯丁借用和改造了柏拉图的思想，以服务神学教义。直到13世纪，托马斯·阿奎纳利用亚里士多德的学说解释宗教教义，建立了繁琐和庞大的经院哲学，亚里士多德才重新被重视。

柏拉图的理论，被1949年后的中华人民共和国官方认为是唯心主义的。但他对西方哲学的启蒙作用被普遍认可，也因为他卓越的人格而备受尊重。

◎亚里士多德

亚里士多德（前384—前322年），是著名的古希腊哲学家，他是柏拉图的学生、也是亚历山大大帝的老师。他在许多领域都留下了广泛著作，包括物理学、形而上学、诗歌（包括戏剧）、生物学、动物学、逻辑学、政治、政府以及伦理学。苏格拉底、柏拉图以及亚里士多德三人被广泛认为是西方哲学的奠基者。一些人认为亚里士多德发展出的学派是柏拉图哲学思想的延伸，一些人则认为柏拉图和亚里士多德两人所代表的是古代哲学里最主要的两大学派。

亚里士多德

生平简介

　　亚里士多德生于富拉基亚的斯塔基尔希腊移民区。这座城市是希腊的一个殖民地，与正在兴起的马其顿相邻。亚里士多德是马其顿王室医师的儿子，从小对自然科学特别爱好，也很钻研。父亲经常教给他一些解剖和医学的知识，他有时也帮助父亲作一些外科手术。亚里士多德17岁那年前

美丽的雅典风光

往雅典，成为古希腊著名哲学家柏拉图（前 427—前 347 年）的大弟子，从事学习和研究长达 20 年之久。他好学多问，才华横溢，成绩突出，柏拉图夸他是"学院之灵"。公元前 343 年，亚里士多德担任了年仅 13 岁的王子亚历山大的宫廷教师。公元前 340 年亚历山大摄政，亚里士多德回到家乡。公元前 335 年他重返雅典，创办了一所吕克昂学院，独树一个新的哲学学派。由于这个学派的老师和学生，常常在花园里散步的时候讨论问题，当时人们就称它为逍遥学派。

公元前 323 年夏天，亚历山大大帝从印度回师巴比伦的途中病故。从此，亚里士多德在政治上开始不得志。他决定离开雅典，离开吕克昂学院回到母亲的故地过隐居生活。公元前 322 年，亚里士多德因病逝世，葬在卡尔基，终年 62 岁。

学科分类及观点

（1）哲　学

亚里士多德首先是个伟大的哲学家，他虽然是柏拉图的学生，但却抛弃了他的老师所持的唯心主义观点。柏拉图认为理念是实物的原型，它不依赖于实物而独立存在。亚里士多德则认为世界乃是由各种本身的形式与质料和谐一致的事物所组成的。"质料"是事物组成的材料，"形式"则是

每一件事物的个别特征。就像是现在有一只鼓翅乱飞的鸡，这只鸡的"形

制　陶

式"是它会鼓翅、会咕咕叫、会下蛋等。当这只鸡死时，"形式"也就不再存在，唯一剩下的就是鸡的物质。柏拉图断言感觉不可能是真实知识的源泉，亚里士多德却认为知识起源于感觉。这些思想已经包含了一些唯物主义的因素。

亚里士多德和柏拉图一样，认为理性方案和目的是一切自然过程的指导原理。可是亚里士多德对因果性的看法比柏拉图的更为丰富，因为他接受了一些古希腊时期对这个问题的看法。他指出，因主要有四种，第一种是质料因，即形成物体的主要物质。第二种是形式因，即主要物质被赋予的设计图案和形状。第三种是动力因，即为实现这类设计而提

供的机构和作用。第四种是目的因，即设计物体所要达到的目的。举个例子来说，制陶者的陶土为陶器提供其质料因，而陶器的设计样式则是它的形式因，制陶者的轮子和双手是动力因，而陶器打算派的用途是目的因。亚里士多德本人看中的是物体的形式因和目的因，他相信形式因蕴藏在一切自然物体和作用之内。开始这些形式因是潜伏着的，但是物体或者生物一旦有了发展，这些形式因就显露出来了。最后，物体或者生物达到完成阶段，其制成品就被用来实现原来设计的目的，即为目的因服务。他还认为，在具体事物中，没有无质料的形式，也没有无形式的质料，质料与形式的结合过程，就是潜能转化为现实的运动。这一理论表现出自发的辩证法的思想。

(2) 逻辑推理

亚里士多德在哲学上最大的贡献在于创立了形式逻辑这一重要分支学科。逻辑思维是亚里士多德在众多领域建树卓越的支柱，这种思维方式自始至终贯穿于他的研究、统计和思考之中。

对于逻辑，人们的理解各不相同。一种普遍的理解是，逻辑是关于思维的科学，探讨的是思维形式和思维规律。逻辑不研究思维的内容，而研究思维形式。就思维形式而言，逻辑研究的是内容各不相同的命题所具有的共同结构，以及内容各不相同的推理所具有的共同结构——思维的逻辑形式，即命题形式和推理形式。三段论推理的共同逻辑形式是："所有 M 都是 P，所有 S 都是 M，所以所有 S 都是 P"。此外，逻辑除了探讨各种逻辑形式外，还探讨正确运用逻辑形式所必须遵循的基本的逻辑规律，比如同一律、矛盾律和排中律。这样，关于逻辑的认识就从思维形式过渡到逻辑形式，从思维规律过渡到逻辑规律。简而言之，逻辑是关于逻辑形式和逻辑规律的科学。这种关于逻辑对象和性质的认识，基本上是在中世纪以后形成的，反映了近代的逻辑观念。应该说，上述关于逻辑的看法体现了对于逻辑这门学科的较为普遍的认识，这种认识不能说是没有道理的，但有待进一步明确。比如它需要对于思维做一个交代，而这不是一个简单的问题；再比如，它可能需要说明逻辑学对思维的研究与其他科学（包括心理学）的不同，这也并非易事。但我们认为它的主要不足在于，一方面没有突出逻辑研究的对象——推理，另一方面没有揭示逻辑科学的本质特征——探究前提和结论之间的必然性的关系。需要指出的是，上述这种关于逻辑的认识与亚里士多德的认识是不同的。

亚里士多德关于逻辑的定义是：一个推理是一个论证，在这个论证中，某些东西被规定下来，而在论证过程中必然会得出一些与这些被规定下来的东西不同的东西。在这个定义中，被规定下来的"有些东西"指的是推理的前提，而得出的一些与前提"不同的东西"指的是推理的结论，而前提和结论之间要具有"必然得出"的关系。而从前提"必然地得出"结论是指前提的真与结论的真具有必然的联系，当前提为真时结论必然为真。这个定义表明，逻辑是关于推理的理论，它研究的是前提与结论之间"必然地得出"这种联系，进一步说，逻辑是关于推理的"必然地得出"的理论。亚里士多德把推理作为逻辑研究的对象，把"必然地得出"这种推理关系作为逻辑研究的重点，把"必然地得出"作为逻辑的本质特征。

亚里士多德又是怎样去达到这种"必然地得出"的呢？他不是研究前

提与结论之间在内容上的联系，而是探讨它们之间在形式上的联系。"亚里士多德的刻画完全是形式方面的。"前提与结论之间的"必然地得出"的关系是由（作为前提和结论的）命题的逻辑形式之间的必然关系保证的。

亚里士多德逻辑主要是三段论理论，三段论推理由三个命题构成，两个命题作为前提，一个命题作为结论。比如，"所有人都是会死的，所有希腊人都是人，所以所有希腊人都是会死的"。亚里士多德研究三段论推理的重心在于，探讨三段论中两个前提与一个结论（三个命题）具备什么逻辑形式才具有"必然地得出"这种关系。他根据中项的位置确定了三段论的各个格（即三段论的结

柏拉图与亚里士多德（右）

构），根据构成前提和结论的三个命题的逻辑形式确定了三段论的各个式（即三段论的推理形式）。比如，第一格、第二格和第三格的第一式分别为："如果 A 谓述每个 B 并且 B 谓述每个 C，那么 A 也必然谓述每个 C"、"如果 M 不属于任何 N，而谓述每个 O，那么 N 必然不属于任何 O"、"如果 P 和 R 都属于每个 S，那么 P 必然属于某个 S"。这样，就从形式上刻画

和规定了三段论的格与式，刻画和规定了保证"必然地得出"的各种三段论的推理形式，确立了有效的推理形式，排除了无效的推理形式，并且把这些有效的推理形式构造成为一个系统。作为这种研究方式的最大成果，亚里士多德构造了一个完全的三段论理论的形式系统。

宇宙行星

亚里士多德不仅明确了逻辑的对象——推理，明确了逻辑的根本性质与特征——"必然地得出"，而且从形式的角度着手，提供了一套保证"必然地得出"的可操作的方法。而"必然地得出"则"集中地体现了亚里士多德的逻辑观"，它是逻辑的"内在机制"。

(3) 天文学

亚里士多德认为运行的天体是物质的实体，地球是球形的，是宇宙的中心；地球和天体由不同的物质组成，地球上的物质是由水气火土四种元素组成，天体由第五种元素"以太"构成。

（4）物理学

亚里士多德反对原子论；不承认有真空存在；他还认为物体只有在外力推动下才运动，外力停止，运动也就停止；还认为作自由落体运动的物体重的比轻的落得快（此结论后被伽利略推翻）！

①地上世界由土、水、气、火，四大元素组成。其中每种元素都代表四种基本特性（干、湿、冷、热）中两种特性的组合。土＝干＋冷；水＝湿＋冷；气＝湿＋热；火＝干＋热。

②在物理学的力学上，亚里士多德的成就也不少，但是最常被提到的，却是他所犯的错误。亚里士多德提出的假设是凡是运动的物体，一定有推动者在推着它运动——是建立在日常经验上。若你看到一个东西在移动，你就会寻找一个推动它的东西（像是我们的手、身体）。当没什么东西推它时，它就会停止移动，是一个推着一个，不能无限制地追溯上去，"必然存在第一推动者"，中古世纪的基督教说"第一推动者"就是指上帝，并将亚里士多德的学说，与基督教教义结合。这样的结合让亚里士多德的学说成为权威学说，一直到了牛顿手里，才建立正确的力学学说。另外，亚里士多德又认为较重物体的下坠速度会比较轻物体的快，这个错误观点直到十六世纪，意大利科学家伽利略从比萨斜塔上掷下两个不同重量圆球的实验中才被推翻。

还有亚里士多德认为白色是一种再纯不过的光，而平常我们所见到的各种颜色是因为某种原因而发生变化的光，是不纯净的，这种结论直到17

世纪大家对这一种结论坚信不移。为了验证这一观点，牛顿把一个三棱镜放在阳光下，阳光透过三棱镜后形成了红、橙、黄、绿、蓝、靛、紫七种颜色组成的光带照射在光屏上，牛顿得到了跟人们原先一直认为正确的观点完全相反的结论：白光是由这七种颜色的光组成的，这七种光才是纯净的。

（5）生物学

亚里士多德对五百多种不同的植物动物进行了分类，至少对五十多种动物进行了解剖研究，指出鲸鱼是胎生的，还考察了小鸡胚胎的发育过程。

在达尔文之前没有一个人比亚里士多德对我们了解生物界作出的贡献更多。他的生物学知识很广博，知识来源也很广泛。他在少年时期曾当过医师的学徒，后来又在勒斯波斯岛居住过三年，花了很多时间研究海洋生物。生物学史的各个方面几乎都得从亚里士多德开始。他是将生物学分门别类的第一个人，并为之写出了专门著作（如动物分类、动物繁殖等一等）。他首先发现了比较法的启发意义并理所当然地被尊称为比较法的创始人，

达尔文

也是详细叙述很多种动物生活史的第一个人，写出了关于生殖生物学和生活史的第一本书。他特别注意生物多样性现象以及动植物之间的区别的意义。虽然他没有提出正式的分类（法），但是他按一定的标准对动物进行了分类，而且他对无脊椎动物的分类比两千年后林奈的分类更合理。在生理学上他大都采用了传统观点因而并不出色。和他的前辈比较起来，他是一个坚定的经验主义者，他的推论总是植根于他过去的观察。他在《动物繁殖》一文中曾明确表示从感官所得到的信息（知识）是首位的，超过理智思考所能提供的信息。在这一方面他和经院哲学家中的亚里士多德派完全不同，后者认为单凭推论就能推论出一切问题。

教育主张

亚里士多德师承柏拉图，主张教育是国家的职能，学校应由国家管理。他首先提出儿童身心发展阶段的思想，赞成雅典健美体格、和谐发展的教育，主张把天然素质，养成习惯、发展理性看作道德教育的三个源泉。但他反对女子教育，主张"文雅"教育，使教育服务于闲暇。

亚里士多德认为理性的发展是教育的最终目的，主张国家应对奴隶主子弟进行公共教育，使他们的身体、德行和智慧得以和谐的发展。在教学方法上，亚里士多德重视练习与实践的作用。如在音乐教学中，他经常安排儿童登台演奏，现场体验，熟练技术，提高水平。在师生关系上，亚里士多德不是对导师一味言听计从，唯唯诺诺，而是在继承的基础上敢于思考、坚持真理、勇于挑战。他那"吾爱吾师，吾尤爱真理"的品格，鼓舞着他把柏拉图建立起来的教学理论推进到了一个更高的水平。

亚里士多德的教学思想是建立在他的人性论、认识论及其对于儿童身心发展考察的基础之上的。他把人的灵魂分为两个部分，一是非理性灵魂，其功能是本能、感觉、欲望等；二是理性灵魂，其功能是思维、理解、认识等。他认为在人的认识过程中，灵魂的主要功能是感觉和思考。灵魂借助于感觉器官而感知外界事物，那被感觉的东西是不以人的意志为转移的，从而承认感觉在认识过程中的地位和作用。但是，他又认为感觉在这里只起到一种诱发的作用，真理和知识只有通过理性的思考才能获得。因此，亚里士多德的教学目的是发展灵魂高级部分的理性。

亚里士多德为其哲学学校设立了"百科全书"式的课程。他主张学生在德、智、体、美等方面全面发展，且在不同时期各有所侧重。幼儿期以身体发展（体育）为主；少年期以音乐教育为核心、以德、智、美为主要内容；高年级要学习文法、修辞、诗歌、文学、哲学、伦理学、政治学以及算术、几何、天文、音乐等学科。但不管怎样，重心都应放在发展学生的智力上。他特别强调音乐在培养儿童一般修养上的作用。认为音乐具有娱乐、陶冶性情、涵养理性三种功能，它能使人解疲乏、炼心智、塑造性格、激荡心灵，进而通过沉思进入理性的、高尚的道德境界。在体育教学中，他不同意教师只让学生进行严酷甚至痛苦的训练，要教"简便的体操"和"轻巧的武艺"，着重于让儿童身体正常发展。

主要著作

亚里士多德一生勤奋治学，从事的学术研究涉及到逻辑学、修辞学、物理学、生物学、教育学、心理学、政治学、经济学、美学、博物学等。他写下了大量的著作，其著作是古代的百科全书，据说有四百到一千部，主要有《工具论》《形而上学》《物理学》《伦理学》《政治学》《诗学》等。他的思想对人类产生了深远的影响。他创立了形式逻辑学，丰富和发展了哲学的各个分支学科，对科学等作出了巨大的贡献，他还是最早论证地球是球形的人。

亚里士多德的著作集包括以下内容：

（1）逻辑学：《范畴篇》《解释篇》《前分析篇》《后分析篇》

亚里士多德雕塑

《论题篇》《辩谬篇》，以上六篇逻辑学著作总称《工具论》。

（2）形而上学：《形而上学》。

（3）自然哲学：《物理学》《气象学》《论天》《论生灭》。

（4）论动物：《动物志》《动物之构造》《动物之运动》《动物之行进》《动物之生殖》《尼各马克伦理学》《158城邦制》。

（5）论人：《论灵魂》《论感觉和被感觉的》《论记忆》《论睡眠》《论梦》《论睡眠中的预兆》《论生命的长短》《论青年、老年及死亡》《论呼吸》《论气息》。

（6）伦理学和政治学：《尼各马可伦理学》《优台谟伦理学》《政治学》。

（7）《修辞学》《诗学》。

对后世的影响

作为一位最伟大的、百科全书式的科学家，亚里士多德对世界的贡献无人可比，但他的成就远不止于此。他还是一位真正的哲学家，对哲学的几乎每个学科都作出了贡献。他的写作涉及伦理学、形而上学、心理学、经济学、神学、政治学、修辞学、自然科学、教育学、诗歌、风俗以及雅典宪法。他的研究课题之一是搜集各国的宪法，并依此进行比较研究。亚里士多德显示了希腊科学的一个转折点。在他以前，科学家和哲学家都力求提出一个完整的世界体系，来解释自然现象。他是最后一个提出完整世界体系的人。在他以后，许多科学家放弃提出完整体系的企图，转入研究具体问题。

但是如果以现在的标准衡量，亚里士多德的某些思想显得有些极端。例如，他赞同奴隶制及女性所受的不平等待遇，认为这是自然界的安排（当然，这些思想是他所处时代的写照）。但是，亚里士多德的许多思想，今天看来依然非常先进，如："贫穷是革命与罪孽之母""立法者应该把主要精力放在教育青年上，忽视教育必然危及国本"（亚里士多德关于教育的思想显然是超前的，因为在他生活的年代还没有公共教育）。

随着亚里士多德作品的不断被发现，中世纪出现了一个研究亚里士多德主义的新时代，学者们以此作为求得各方面真知识的基础。亚里士多德在研究方法上，习惯于对过去和同时代的理论持批判态度，提出并探讨理论上的盲点，使用演绎法推理，用三段论的形式论证。

亚里士多德

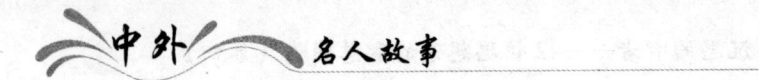

亚里士多德集中古代知识于一身,在他死后几百年中,没有一个人像他那样对知识有过系统考察和全面掌握。他的著作是古代的百科全书,他的思想曾经统治过全欧洲,改变了几乎全西方的哲学家。恩格斯称他是"最博学的人",他被誉为是"百科全书"式的学者。

◎托马斯·阿奎纳

托马斯·阿奎纳（约1225—1274年），是中世纪经院哲学的哲学家和神学家，他把理性引进神学，用"自然法则"来论证"君权神圣"说。死后也被封为天使博士（天使圣师）或全能博士。他是自然神学最早的提倡者之一，也是托马斯哲学学派的创立者，成为天主教长期以来研究哲学的重要根据。他所撰写的最知名著作是《神学大全》。天主教教会认为他是历史上最伟大的神学家，将其评为33位教会圣师之一。

托马斯·阿奎纳

生平简介

大约在 1225 年初,托马斯·阿奎纳生于意大利的洛卡塞卡堡,该城堡是阿奎纳家庭的领地,该地的领主正是其父兰道夫伯爵。阿奎纳家族是伦巴底望族,与教廷和神圣罗马帝国皇帝都保持着密切关系。他的叔叔西尼巴尔德,是附近卡西诺山本笃会修道院的院长。

五岁时托马斯被父母送到著名的卡西诺修道院当修童,父母希望把他培养成修道院长。1239 年被革除教籍的弗里德利克二世派兵占领并关闭了卡西诺修道院,托马斯进入那不勒斯大学学习。在这里接触到亚里士多德的形而上学、自然哲学与逻辑学著作,并于 1244 年加入多米尼克会。修会计划把他送到波洛尼亚的总堂深造,但在半路被他的兄弟劫回家囚禁。

1244 年,托马斯便被送去科隆

托马斯·阿奎纳

的多明我神学院，师从大阿尔伯特学习哲学和神学。1245 年他摆脱家庭控制，被修会送到巴黎的圣雅克修道院学习，直到 1248 年。大阿尔伯特在科隆开设大学馆时，他才随之来到科隆继续学习。在大阿尔伯特的推荐下，1252 年秋托马斯进入巴黎大学神学院学习，1256 年春完成学业。学校没有授予托钵僧侣神学硕士的先例，由于教皇亲自出面干预，托马斯才获得学位。从此托马斯正式开始了教学生涯。在教皇乌尔班四世的请求下，他又移居罗马。1263 年，他出现在伦敦的多明我会中。1288 年，他又前往罗马和博洛尼亚讲学，于 1274 年 3 月 7 日去世。

主要著作及哲学体系

托马斯的著作卷帙浩繁，总字数在 1500 万字以上，其中包含着较多哲学观点的著作有：《箴言书注》《论存在与本质》《论自然原理》《论真理》《波埃修<论三位一体>注》，代表作为《反异教大全》《神学大全》。他对亚里士多德《形而上学》《物理学》《后分析篇》《解释篇》《政治学》《伦理学》《论感觉》《论记忆》《论灵魂》以及伪亚里士多德著作《论原因》做过评注。

托马斯无疑是中世纪最重要的哲学家，托马斯主义不仅是经院哲学的最高成果，也是中世纪神学与哲学的最大、最全面的体系。

关于哲学与神学的关系，托马斯的老师大阿尔伯特认为，哲学的问题只能以哲学的方式来处理，而神学问题，例如三位一体、道成肉身、创世复活等，是自然的理智所无法理解的，因而只能用神学的方式来处理。托马斯从这种思想出发，进一步探讨了哲学与神学的关系，并进而得出了"神学高于哲学，哲学是神学的奴仆"的结论。

首先，托马斯继承老师大阿尔伯特的思想，具体论证了"除了哲学真理以外还需要有神学真理"。针对"有人反对在哲学以外还需要其他理论"的观点，托马斯认为，除了哲学理论以外，为了拯救人类，必须有一种上帝启示的学问。这是因为：第一，人都应该皈依上帝，皈依一个理智所不能理解的目的。所以，为了使人类得救，必须知道一些超出理智之外的上帝启示的真理；第二，即使人用理智来讨论上帝的真理，也必须用上帝的启示来指导。因为"凡用理智讨论上帝所得的真理，这只能有少数人可得到，而且费时很多，还不免带着许多错误。但是，这种真理的认识，关系到全人类在上帝那里得到拯救，所以为了使人类的拯救来得更合适、更准确，必须用上帝启示的真理来指导"。

其次，托马斯从思辨科学的分类入手，指出神学乃是"第一哲学"。托马斯说："思辨科学的对象，本来就是对于物质和运动的抽象，或对此二者的理解活动。因此，思辨科学按照远离物质和运动的程度划分为不同的学科。"具体说来，就是物理学、数学和神学。其中，物理学又名自然学，它以"在存在和概念上依靠物质"的对象为研究对象，而数学则以"在存在上依靠物质，在概念上并不依靠物质"的对象（例如线和数）为研究对象。神学所研究的主要对象是上帝，上帝在存在上并不依靠物质，相反它能够离开物质而存在。研究上帝的神学是"第一哲学",其他科学都从它取得自己的原则,都跟从它。

最后,托马斯进一步论证了"神学高于哲学,哲学是神学的奴仆"的结论。托马斯认为,神学分为思辨的神学和实践的神学,因而,"神学高于哲学"说的就是神学在思辨和实践两方面都超过了其他科学(包括哲学)。就思辨而言,神学之所以超过其他思辨科学,一是因为神学具有较高的确实性。神学的确实性来源于上帝的光照,而其他科学的确实性则来源于人的理性的本性之光,而后者是会犯错误的;二是因为神学的题材更为高贵,"神学所探究的,主要是超于人类理性的优美至上的东西,而其他科学则只注意人的理性所能把握的东西"。就实践来说,神学高于其他科学的原因在于:神学的目的在于永恒的幸福,而这种永恒的幸福则是一切实践科学作为最后目的而趋向的目的。

既然神学高于哲学,因而神学就可能凭借哲学来发挥,但并不是非要它不可,而是借它来把自己的义理讲得更清楚些。"因为神学的原理不是从其他科学来的,而是凭启示直接从上帝来的。所以,它不是把其他科学作为它的上级长官而依赖,而是把它们看成它的下级和奴仆来使用:有如主要科学使用附属科学、政治学使用军事学一样"。哲学和其他科学都是神学的婢女。

值得注意的是,托马斯关于哲学与神学关系的说明蕴含着两个重要的思想前提。一是"对事物,从不同的方面去认识,就可得出不同的学问"。因此,我们也不应该禁止用上帝启示的学问去讨论哲学家用理智去认识的理论。二是"虽然超出人类理智的事物,用理智不能求得,但若有上帝的启示，凭信仰就可取得"。显然，这一思想渊源于大阿尔伯特，它标识着知识与信仰的区分。

主要思想观点

（1）认识论

托马斯的认识论思想基本上是继承亚里士多德的观点，而表现出明显的反柏拉图的倾向。他从知识与信仰的区分出发，在神学范围内探讨了人的认识能力所占据的地位，分析了感性与理智的关系，并提出了自己的真理观。

在托马斯看来，认识对象是和认识能力相应的。据此，托马斯将认识能力分为三种：第一种认识能力是感觉，它是一种物质机体的活动。每一感觉能力的对象都是存在于有形物质中的一种形式，这样的物质是个体化的本原，所以这种感觉的认识能力所取得的知识只能是个体的知识。第二种认识能力是天使的理智，这种认识能力既不是一种物质机体的活动，也和有形体的物质没有任何关系。这种认识能力的对象是脱离物质而存在的一种形式，天使的理智虽然也认识物质事物，但也只是从非物质事物（或从自身、或从上帝）的地位去认识。第三种认识能力是处于中间地位的人类理智，它不是一种机体的活动，而是灵魂的一种能力。此种认识能力用对种种影像进行抽象的方法来了解物质事物,从而通过这样的了解物质事物来获得某些非物质的事物的知识。在这三种认识能力中,属于人的认识能力是感觉和人类的理智。

关于感性与理智的关系,托马斯结合认识的发展过程来加以考察,认为:第一,知识来源于感觉。感觉通过感官与外物接触,主体接受客体而产生一种近似的"感觉印象"。这种印象被感觉传达到内部感官,将其分析、整理、综合成"形象"而获得具体的、个别的事物的认识。第二,人的认识并不能仅停留于个体的知识,停留于感性认识,还必须深化到理性认识,从而从个别物质中去认识其形式。第三,人类的理智分为"主动的理智"和"被动的理智"。主动的理智是灵魂的能动活动,它用抽象的方法去掉"形象"中有关感性的个别性、特殊性成分,取出本质的普遍性、必然性,获得理智认识的理解形式即"理解印象"。"我们是以我们称为主动的理智的更高贵的主动力,采用抽象的方法,把从各种感觉所接受的幻象变成现实上可以理解的"。这种

托马斯·阿奎纳

"理解印象"又被传达到"被动的理智"而成为"理性印象"。被动理智

又去认识它，接受它，此后由被动转为主动而产生出"表象"。这种"表象"实际上就是概念。第四，因此，就感性和理智的关系而言，"理智的知识是由感觉引起的，但幻象不能凭自己使可能的理智有变化，它还必须依靠主动的理智来使自己变为在现实上可理解的。所以，决不能说感性认识是理智知识的总原因或全部原因，它只是在一个方面可作为原因看待"。

关于对真理的认识，托马斯认为，真理只在理智之中，理智中的真理就在于理智和所了解的事物一致。但这种一致有两种变化方式：一是事物并没有变化，但人对这事物的意见都发生了变化；二是事物发生了变化，但人对它的意见还保持原样。在托马斯看来，这两种变化方式都是从真实变为错误，因此，在人类理智中的真理之外，还需要有上帝理智中的真理。"上帝的理智中的真理是不变的"，它是一切物质事物赖以称为真实的真理，是完全不能变化的。

（2）伦理学与社会政治观

在托马斯看来，伦理学是研究人生的意义、理想和目的。它的基本思想是：人类的幸福，决不在于身体上的快乐（主要指食、色两方面的快乐）。这种快乐是感性的、动物性的，它阻碍人接近上帝，使人脱离理性的事物，所以，"人类最高的完善决不在于和低于自身的事物相结合，而在于和高于自身的某种事物相结合"。人生的最高目的就在于追求最高的真善美。这种最高的真善美、万事万物的最终目的就是上帝。因此，我们必须把那些特别使人接近上帝的东西作为人的最后目的。由此出发，托马斯进一步认为，道德行为受人赞美，是由于它导向幸福，幸福才是德行的报酬。传统的四枢德（智慧、勇敢、节制、正义）是值得称赞的，但它们只能导向自然的、世俗的幸福,因此人们必须培育"信、望、爱"三种德性,只有这三种德性才能使人达到超乎本性的幸福。总之,道德评价是以信仰为轴心的。

托马斯的政治思想是神权政治论,其核心是上帝高于一切,一切服务于上帝。他主张政治隶属于宗教,世俗服从于教会,皇帝受命于教皇,其实质是维护封建宗教神学和教会的利益。首先,托马斯同意亚里士多德关于人是社会的动物的观点,指出人是天然要过政治生活的,人并不是仅仅依赖个人的理性以达到目的的单独个体,他生来就是社会或政治的存在,生来就同自己的伙伴一起生活在社会中。关于人的社会性的最显著的标志就是只有人通过语言中介来表达自己的思想,其他动物则只能用一般声音来表现自己的感情。其次,托马斯认为,既然社会对于人是自然的,那么维护社会秩序的国家也是自然的,社会和国家都有神圣的正义和权威,国家既不是原罪的产物,也不是个人主义的结果,它的建立乃是为了公共的善。他承认,君主政体、贵族政体、民主政体都是好的形式,但是,人类社会中最好的政体就是由一人所掌握的政体,即君主政体。最后,托马斯指出,教会的目的是追求超自然的善即认识上帝。超自然的善高于国家所谋求实现的公共的善,所以教会高于国家。归根到底,国家要听教会的使唤,国王是上帝的一个仆人。

(3) 唯实论

在共相与殊相的关系问题上,托马斯遵循伊本西拿和老师大阿尔伯特的思想路线,认为"共相既在先又不在先",并结合自己的认识论思想,从认识和事物的发展过程出发具体考察了这一结论。

首先，托马斯认为，一方面由于理智的知识在某一阶段上来源于感性的知识，所以，以殊相（单个的和个体的事物）为对象的感性认识先于以共相（普遍的事物）为对象的理智认识，故共相在后；但另一方面，人的认识（包括感性和理智）又是从潜能到现实、从"种"到"属差"的发展过程。例如，就理智而言，我们先确认一个对象是"动物"，然后才确认它是人还是狮子，所以，我们的理智认识动物总是先于认识人。同样，我们应用感性在判断较不普遍的东西之前来判断较普遍的东西，比如我们总是先看到一个人，然后才能看到是苏格拉底或柏拉图。"因此，我们得出结论：单独的、个体的知识，就我们来讲，它是先于普遍的知识，正如感性知识是先于理智知识一样。但就感性和理智二者而言，对较普遍的东西的认识则先于对较不普遍的东西的认识。"这就是说，从认识发生史来说，共相在后；就一个具体的认识过程来说，共相在先。

托马斯·阿奎纳

其次，托马斯认为"共相的性质可看作是和普遍性的概念在一起的"。这时，一方面由于普遍性的概念来自理智的抽象，所以这样的共相是在我们的已有知识之后获得的，故共相在后；但另一方面共相是潜在的东西，殊相只是由于分沾了潜在的共相而存在，故共相在先。最后，托马斯还认为，"共相也可从它存在于个体中的性质本身（如动物性或人性）来看"。这时，如果我们经由发生先后和时间的次序来看，则较普遍的东西在自然次序内居先，例如，动物先于人产生。相反，如果我们从完善或自然意向的次序来看，则较不普遍的东西自然比较普遍的东西在先，例如，人比动物占先。总之，从现实发展过程来说，共相在先；从目的来说，共相在后。

　　托马斯结合自己的认识论思想来考察共相问题，显然比早期经院哲学大大进步了，在哲学史上具有重要的意义。但是，由于他坚持认为理念是事物的本质，理念决定具体事物的存在，因而，哲学史上称托马斯的这种唯实论为"温和的唯实论"。

◎哥白尼

尼古拉·哥白尼（1473—1543年），波兰思想家、天文学家，日心学说的创始人，近代天文学的奠基人。哥白尼的最大成就就是以科学的日心说否定了在西方统治达1000多年的地心说，这是天文学上一次伟大革命，引起了人类宇宙观的重大革新，而且从根本上动摇了欧洲中世纪宗教神学的理论支柱。

1533年，60岁的哥白尼在罗马做了一系列的讲演，但直到他临近古稀之年才终于决定将它出版。1543年5月24日去世的那一天才收到出版商寄来的一部他写的书。哥白尼的"日心说"沉重地打击了教会的宇宙观，这是唯物主义和唯心主义斗争的伟大胜利。哥白尼是欧洲文艺复兴时期的一位巨人。他用毕生的精力去研究天文学，为后世留下了宝贵的遗产。

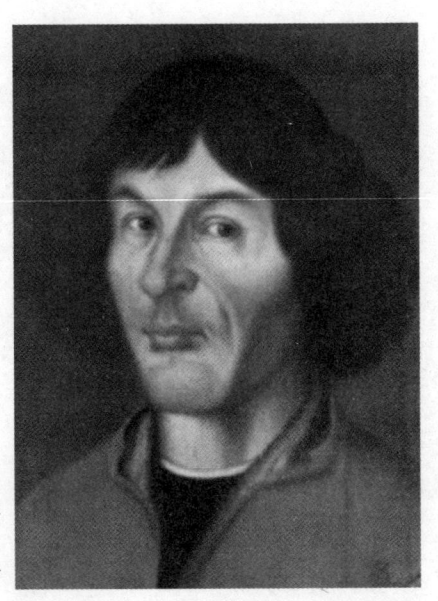

尼古拉·哥白尼

生平简介

1473年哥白尼生于维斯瓦河畔的小城托伦的一个富裕商人家庭。十岁时父亲就死了，由他的舅父卢卡斯·瓦赞尔罗德领养。1491年哥白尼进入

博洛尼亚大学

克拉科夫市亚捷隆大学学习，在这里他开始对天文学发生兴趣。1496年他赴意大利博洛尼亚大学帕多瓦大学求学，学习数学、天文学、法律、医学等，并接受人文主义思想。1503年哥白尼在费拉拉大学获得法学博士学位，他舅父提供给他一个在波兰波罗的海边上的弗伦堡的神父位置。1506年哥白尼回到波兰，担任他舅父的医生和秘书。1512年他舅父去世，他将主要精力放在教士的责任和医学研究上，同时利用工作之余时间研究天文学。在弗伦堡30年间，他建了一个小天文台，后来被称为"哥白尼塔"，自17世纪以来被人们作为天文学的圣地保存下来。但是从当时人的记载和哥白尼本人的著作来看，他很少进行天文观测，他主要通过前人的观测结果，进行哲学思考与数学计算，逐渐形成了自己的天文学体系。

1543年5月24日，哥白尼在弗龙堡辞世，遗骨当时葬在弗龙堡大教堂某处，坟墓没有刻有任何标记，坟墓的具体位置几个世纪以来一直不明。2005年学术界人士在这所教堂内找到一名70岁男子遗骸，包括颅骨。后经遗骨面部复原和脱氧核糖核酸（DNA）检测，确认遗骸为哥白尼。2010年5月22日，哥白尼的遗骨在弗龙堡大教堂重新下葬

天文学观点

在当时，天文学采用的是托勒密的天文体系。这一体系的基本出发思

想是地球处于宇宙的中心和所有天体的运行轨道都是圆形。前者来源于日常生活经验，后者则是因为圆是非常完美简洁的形状。为了能够解释更多的现象，托勒密认为每个行星都在一个称为"本轮"的小圆形轨道上匀速转动，而本轮的中心在称为"均轮"的大圆轨道上绕地球匀速转动，但地球不是在均轮圆心，而是同圆心有一段距离。通过本轮和均轮的复合，地心说可以预测日食月食，也可以解释一些现象，所以一直被作为正统思想所接受。但是随着观测技术的进步，需要很多个本轮均轮甚至小本轮才能解释实验现象，这就使得坚持简洁的哥白尼对托勒密的系统产生了怀疑。为了简化理论，更好地符合实际观测的结果，哥白尼将不动点从地球移动到了太阳上，提出了日心说。他指出地球不是宇宙的中心，而是同五大行星一样围绕太阳这个不变的中心运行的普通行星，其自身又以地轴为中心自转。

这期间，哥白尼在一篇叫做《短论》的手稿中归纳了自己主要的天文学观点，并传播给亲近的朋友。长期以来一直认为哥白尼担心正式出版自己的天文学著作会引起教会的反对，但是却没有明确证据来证明这一点。实际上当时的宗教秘书曾经在梵蒂冈作过关于《短论》的演讲，教宗克莱孟七世和很多主教都曾经出席，演讲过后，其中一位主教写信给哥白尼，希望他尽早正式出版他的作品。所以当时有条件出版哥白尼的著作，但是哥白尼本人一直不愿意这么做，其中重要的一个原因就是哥白尼一直想解决自己的理论体系中的缺陷，不想贸然出版而导致外来的批评。

1539年在朋友劝说下，哥白尼决定出版他的作品。1540年出版了一个小册子来介绍哥白尼体系的要点。1543年秋，哥白尼因中风已陷入半身不遂的状况。至5月24日，当一本印刷的《天体运行论》送到他的病榻的时候，已是他弥留的时刻了。

哥白尼的学说改变了那个时代人类对宇宙的认识，而且动摇了欧洲中世纪宗教神学的理论基础。由于时代的局限，哥白尼只是把宇宙的中心从地球移到了太阳，并没有放弃宇宙中心论和宇宙有限论。虽然哥白尼的观点并不完全正确，但是他的理论的提出给人类的宇宙观带来了巨大的变革。

哥白尼之书在其死后引起了很大的争议。最耸人听闻的事件莫过于是意大利人布鲁诺之死。他是道明会的教士。但极富反叛精神，是一个"狂热分子"。他从哥白尼的系统向外推展，否定了天球之说。他出版了《无限宇宙论》明白地主张：太阳是众多的恒星之一，地球亦是行星之一。更主张人类在宇宙中也不是唯一的。这种主张与当时教会对《圣经》的解读起了严重冲突。他在1600年被判火刑，在罗马当众焚尸。

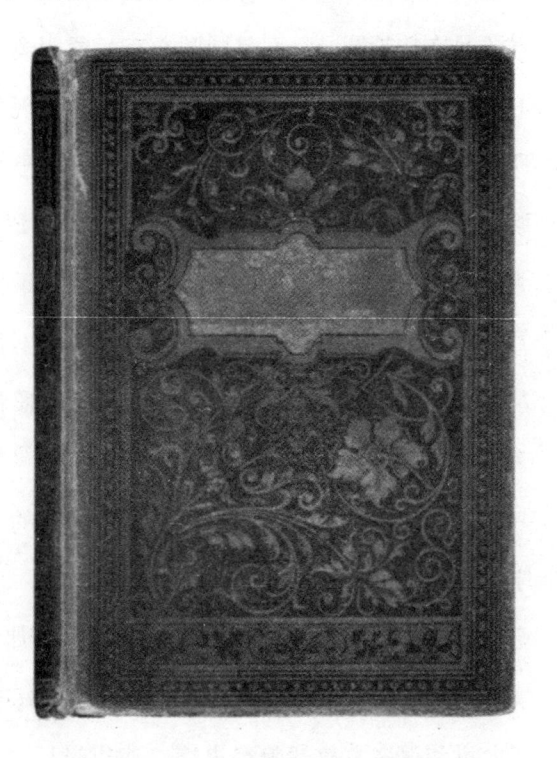

《圣经》

关于日心地动学说早在希腊时代约公元前310年，天文学家阿里斯塔克就已经发现了，他的主张是日月星辰并非绕着地球转动，而是地球和其他星辰一起绕着太阳转动。而他的主张继承了毕达哥拉斯学派的中心火理论，并把中心火的位置改成太阳。他曾经解释过：恒星的周日转动，是地球绕轴自转的结果。但和当时被广泛认同的亚里士多德的物理学相互矛盾，所以当时有人提出这两个反驳的观点。（1）如果地球会转动，那在上面的人为何不会掉下来。这个说法是被大众所接受的，因为在常识中，如果从在动的火车上把物体抛下，火车很快便会将物体抛在后头。（2）如果地球会转动，那和地球相对的恒星应该也会产生距离的变化。目前我们不知道他对第一个观点所作的回答，但据说他相当正确的回答第二个问题。他说：恒星距离我们太过遥远，虽然地球自转对恒星的距离有影响，但是因为地球和恒星距离上太过遥远，以至于地球轨道与之相比微不足道，所以恒星位置的变化我们无法察觉到。阿里斯塔克拥有另一项天文成就，测量太阳、地球和月亮的距离，当从地球上看月亮处于半暗半亮的时刻，太阳、月亮和地球正好组成一个直角三角形，月亮处于直角的顶点，可从地球上测得月地和日地的夹角，虽然因为当时的仪器无法测量得很精确，但是他的方法很正确，在得出相对距离后，推测出太阳和月亮的实际大小，也因此得出太阳比地球大，正因为如此，所以他才有理由推测出地球绕着太阳转的事实。毕竟大的物体绕小的物体转动不是一件自然的事。而近2000年后，哥白尼才继承他的理念。

哥白尼的日心宇宙体系既然是时代的产物，它就不能不受到时代的限制。反对神学的不彻底性，同时表现在哥白尼的某些观点上，他的体系是存在缺陷的。哥白尼所指的宇宙是局限在一个小的范围内的，具体来说，他的宇宙结构就是今天我们所熟知的太阳系，即以太阳为中心的天体系统。宇宙既然有它的中心，就必须有它的边界，哥白尼虽然否定了托勒密的"九重天"，但他却保留了一层恒星天，尽管他回避了宇宙是否有限这

宇宙行星

个问题，但实际上他是相信恒星天球是宇宙的"外壳"，他仍然相信天体只能按照所谓完美的圆形轨道运动，所以哥白尼的宇宙体系，仍然包含着不动的中心天体。但是作为近代自然科学的奠基人，哥白尼的历史功绩是伟大的。确认地球不是宇宙的中心，而是行星之一，从而掀起了一场天文学上根本性的革命，是人类探求客观真理道路上的里程碑。哥白尼的伟大成就，不仅铺平了通向近代天文学的道路，而且开创了整个自然界科学向前迈进的新时代。从哥白尼时代起，脱离教会束缚的自然科学和哲学开始

获得飞跃的发展。

历史地位

哥白尼的"日心说"沉重地打击了教会的宇宙观,这是唯物主义和唯心主义斗争的伟大胜利。因此使天文学从宗教神学的束缚下解放出来,自然科学从此获得了新生,这在近代科学的发展上具有划时代的意义。

哥白尼是欧洲文艺复兴时期的一位巨人。他用毕生的精力去研究天文学,为后世留下了宝贵的遗产。由于时代的局限,哥白尼只是把宇宙的中心从地球移到了太阳,并没有放弃宇宙中心论和宇宙有限论。在德国的开普勒总结出行星运

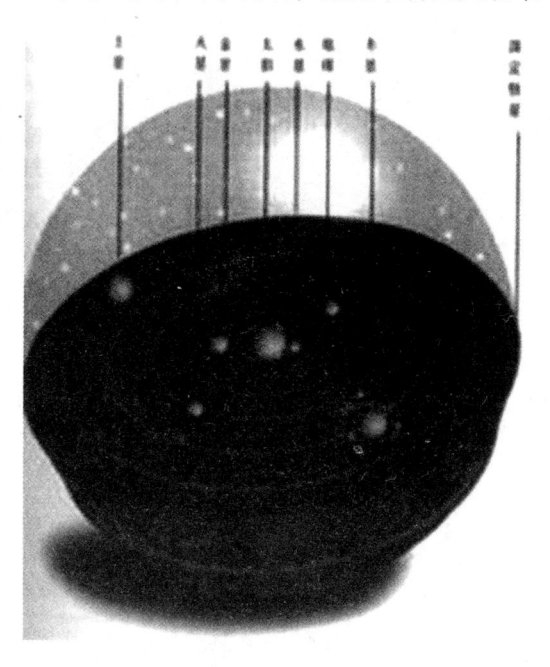

哥白尼的日心说

动三定律、英国的牛顿发现万有引力定律以后，哥白尼的太阳中心说才更加稳固。从后来的研究结果证明，宇宙空间是无限的，它没有边界，没有形状，因而也就没有中心。

恩格斯在《自然辩证法》中对哥白尼的《天球运行论》给予了高度的评价。他说："自然科学借以宣布其独立并且好像是重演路德焚烧教谕的革命行动，便是哥白尼那本不朽著作的出版，他用这本书（虽然是胆怯地，而且可说是只在临终时）来向自然事物方面的教会权威挑战，从此自然科学便开始从神学中解放出来。"

趣闻轶事

（1）沃德卡而是哥白尼少年时期最敬重也是最喜爱的一位老师。一天，哥白尼去沃德卡而家做客，老师不在。他顺手从书架上抽出一本书，打开一看，老师在折了角的地方写了一条批注："圣诞节晚上，火星和土星排成一种特殊的角度，预示着匈牙利的皇上卡尔温有很大的灾难。"正在这时，沃德卡而推门走进来。他见哥白尼在家里看书，高兴地说："孩子，又看什么书了？"

哥白尼毕恭毕敬地把书递过去，老师边接书边关切地问："能看懂吗?"哥白尼认真地回答说:"老师,我看不懂。火星也好,土星也好,都是天上的星星,他们与卡尔温毫无关系,怎么能预示他的祸福呢?""怎么不能呢?"沃德卡而反问道,"命星决定一切!"

哥白尼当仁不让,大声反驳说:"如果是这样,那人还有没有意志?如果有,人的意志和天上的星星又有什么关系?"对于哥白尼尖刻的反驳,沃德卡而并没有生气,他明白,信不信天命是关系到天文学命运的重大问题。对这个问题,他对传统的偏见有过怀疑,但又说不出道理。他踌躇再三,深情地对哥白尼说:"孩子,天命决定一切,这是几千年以来的一条老规矩,我不过是拾前人的牙慧罢了。至于你提的问题,确实很有意思。但我没有能力回答你,你如有毅力的话,以后研究吧!"

哥白尼

老师的希望,不久就变成了现实。几十年后,哥白尼创立了"太阳中心说"的伟大理论,宣告了"天命论"的彻底灭亡。

(2) 哥白尼从小受到良好的学校教育,喜欢观察天象。他常常独自仰望繁星密布的夜空。在他十多岁那年,父亲不幸病逝。于是,他住到了舅舅家中。有一次，哥哥不解地问哥白尼："你整夜守在窗边，望着天空发呆，难道这表示你对天主的孝敬？"哥白尼回答说："不。我要一辈子研究天时气象，叫人们望着天空不害怕。我要让星空跟人交朋友，让它给海船校正航线，给水手指引航程。"

◎培 根

培根（1561—1626年），英国著名唯物主义哲学创始人、作家和科学家。推崇科学、发展科学、崇尚知识，被马克思称为"英国唯物主义和整个现代实验科学的真正始祖"。他在逻辑学、美学、教育学方面也提出许多思想。其一生竭力倡导"读史使人明智，读诗使人聪慧，数学使人精密，哲理使人深刻，伦理学使人有修养，逻辑修辞使人善辩。"

弗朗西斯·培根

培根尖锐地批判了中世纪经院哲学，主张要全面改造人类的知识，使整个学术文化从经院哲学中解放出来，实现伟大的复兴；他认为，科学必须追求自然界事物的原因和规律；提出唯物主义经验论的原则，认为感觉经验是一切知识的源泉；提出了经验归纳法，主张以实验和观察材料为基础，经过分析、比较、选择、排除，最后得出正确的结论。

生平简述

　　培根于 1561 年 1 月 22 日出生于伦敦一个官宦世家。父亲尼古拉·培根是伊丽莎白女王的掌玺大臣，曾在剑桥大学攻读法律，他思想倾向进步，信奉英国国教，反对教皇干涉英国内部事物。母亲安尼是一位颇有名气的才女，她娴熟地掌握希腊文和拉丁文，是加尔文教派的信徒。良好的家庭教育使培根成熟较早，各方面都表现出异乎寻常的才智。12 岁时，培根被送入剑桥大学三一学院深造。在校学习期间，他对传统的观念和信仰产生了怀疑，开始独自思考社会和人生的真谛。

　　在剑桥大学学习三年后，培根作为英国驻法大使埃米阿斯·鲍莱爵士的随员来到了法国，在旅居巴黎两年半的时间里，他几乎走遍了整个法国，接触到不少的新鲜事物，汲取了许多新的思想，这对他的世界观的形成起到了很大的作用。1579 年，培根的父亲突然病逝，他要为培根准备日后赡养之资的计划破灭，培根的生活开始陷入贫困。在回国奔父丧之后，培根住进了葛莱法学院，一面攻读法律，一面四处谋求职位。1582 年，他终于取得了律师资格，1584 年当选为国会议员，1589 年，成为法院出缺后的书记，然而这一职位竟长达 20 年之久没有出现空缺。他四处奔波，却始没有得到任何职位。此时，培根在思想上更为成熟了，他决心要把脱离实际，脱离自然的一切知识加以改革，把经验观察、事实依据、实践效果引入认识论。这一伟大抱负是他的科学的"伟大复兴"的主要目标，是他为之奋斗一生的志向。

1602年，伊丽莎白去世，詹姆士一世继位。由于培根曾力主苏格兰与英格兰的合并，受到詹姆士的大力赞赏。培根因此平步青云，扶摇直上。1602年受封为爵士，1604年被任命为詹姆士的顾问，1607年被任命为副检察长，1613年被委任为首席检察官，1616年被任命为枢密院顾问，1617年提升为掌玺大臣，1618年晋升为英格兰的大陆官，授封为维鲁兰男爵，

剑桥大学

1621年又授封为奥尔本斯子爵。但培根的才能和志趣不在国务活动上，而存在与对科学真理的探求上。这一时期，他在学术研究上取得了巨大的成果，并出版了多部著作。

1621年，培根被国会指控贪污受贿，被高级法庭判处罚金四万磅，监禁于伦敦塔内，终生逐出宫廷，不得任议员和官职。虽然后来罚金和监禁皆被豁免，但培根却因此而身败名裂。从此培根不理政事，开始专心从事理论著述。

1626年3月底，培根坐车经守伦敦北郊。当时他正在潜心研究冷热理论及其实际应用问题。当路过一片雪地时，他突然想做一次实验，他宰了一只鸡，把雪填进鸡肚，以便观察冷冻在防腐上的作用。但由于他身体孱弱，经受不住风寒的侵袭，支气管炎复发，病情恶化，于1626年4月9日清晨病逝。

培根死后，人们为怀念他，为他修建了一座纪念碑，亨利·沃登爵士为他题写了墓志铭：圣奥尔本斯子爵，如用更煊赫的头衔应称之为"科学之光""法律之舌"……

淡泊名利，崇尚知识

培根是发现实验科学理论的智者。通常认为培根的性格并不令人喜欢：他心肠冷淡，趋炎附势，收受贿赂，还厚颜无耻地说他并没有受到贿赂的影响。我们没有理由从根本原则上对这种评价予以质疑。在那个时代，人们处在他的位置上要想塑造一个好的形象是不容易的，而他并没有这样去做。他坚决务实的风格反映在他所能为人们提供的那种特殊服务上，也就是，他表现出以一颗纯然世俗而又充满最高智慧力量的心灵在为人类的进步而工作着。没有一个如此擅长写作的人会对艺术不感兴趣。然而在他以前却无一人曾如此坚决地把艺术排除在认识领域之外。

培根是一个喜欢文学写作的人，每当他有新思想产生或者心中有忧愁烦闷需要

培根纪念碑

排遣时，他都会提起笔来写上一番。虽然现在流传下来的培根的文章不多，但从仅存的那些名言中，我们便可窥见培根智慧的光芒。培根还是一个喜欢运动的人，尤其是那些16世纪英国本土流行的马术、猎狐等。

"我无意于功名利禄，升官发财。我只希望能得到一个职位可以谋生，并有足够的业余闲暇使我能从事我所热爱的科学研究。我的荣誉感正激使

我走向一个新事业。我已经作出了一些重要的决定。我想清扫那些无意义的哲学争论，而探索一种可以通过观察、思考和发现，去达到真理的新途径，使人类知识获得进步。"这是培根崇尚知识的一段名言。

科学与实践是密不可分的，科学是从实践中来，实践是科学的基础。说这句话，是比较容易的，但是做起来却是非常困难的。尤其对于古代的科学家而言，由于他们存在着认识论和方法论的不同，更需要向自己进行挑战。但是，在培根身上我们看到了科学与实践相结合的作用，他把科学植根于实践，在实践的基础上抽取科学的萌芽。也就是说，培根是一个注重实际的人，他很看重实践对于科学研究的作用，他奠定了近代实验科学的早期基础，是近代科学的第一人。

培根的伟大不在于空想遥不可及的事情，而在于注重实验和知识，或者说从实验中获得丰富的知识结构，同时，他提倡的"知识即是力量"这句口号，使一个知识时代兴起。历史地看，知识时代的到来给人类带来了全方位的革命，而培根就是崇尚知识的大师。

奇特的两个人生现象

培根一生中最受人指责的事件是两件公案。一是他与艾塞克斯伯爵的关系；二是他晚年受审判的受贿案。几百年来，关于这两件公案，培根的研究者写过很多的文章，众说纷纭，莫衷一是。艾塞克斯伯爵比培根小几岁。1581年毕业于剑桥大学，1584年以一个17岁的青年侍从身份被召入女王宫廷。第二年随伊丽莎白的宠臣莱斯特伯爵远征芬兰，在祖特芬战役中立了功。由于他年少英俊，才智过人，因而深得伊丽莎白女王的欢心，成为她的宠臣和情人（这位女人终身未结过婚）。培根的哥哥安东尼就在艾塞克斯伯爵手下任职。在最受宠的时候，他的权势炙手可热。

1570年前后，正当培根穷困潦倒之际，在一次宫廷集会中，结识了这位贵人。机敏多才的艾塞克斯伯爵关心发明，爱好哲学，十分欣赏培根的才华。艾塞克斯伯爵很同情培根在仕途上的坎坷，曾先后三次毕力向女王推荐培根，为其谋求宫廷要职。第一次谋求首席检察长之职，第二次是谋求副检察长之职，第三次是谋求大法官厅里的副大法官之职，都未成功。其实是艾塞克斯伯爵错误地估计了女王的性格和女

伊丽莎白女王

王对他的信任。女王虽然宠爱艾塞克斯伯爵，但历来都极其小心地避免她宠幸的人在政治上利用她的感情；而在国家事务上，女王对博莱伯爵更为

信任，博莱伯爵是不愿意培根晋升的。艾塞克斯伯爵没有办法，为缓和培根求职不成的沮丧，为了帮助培根还债，1595年他把自己的一处价值1800镑的蒂凯汉庄园赠予培根。这笔钱虽然不够弥补培根的巨大亏空，但是给了他很大的帮助。由此可见，艾塞克斯伯爵和培根之间的个人情谊是怎样的了。但是培根在给艾塞克斯伯爵的回信中明确讲，他接受伯爵赠送的礼物不是为了个人，而是为了更好地为女王服务，为了哲学事业，为了公共的利益。而且再三强调他是公共的，是在公共的围墙内的，暗示他不是依附于个人的。因为艾塞克斯伯爵通常把他的被保护人、被赞助人圈到他的政治围墙内，要服从他的政治事业。培根这样做，就表明了他与艾塞克斯伯爵之间还是有一段距离的，并不是完全依附于艾塞克斯伯爵的。据说，也正是从这开始，两人的关系逐渐疏远了。

艾塞克斯伯爵是一个轻浮放浪的贵公子。他与女王年岁悬殊（两人相差40岁）的私情关系当然不可能建立在真正爱情的基础上。因此女王逐渐对他产生了不满。特别是在一次商讨由谁去统率军队远征爱尔兰时，在枢密院展开了一场激烈争吵，艾塞克斯伯爵与博莱伯爵争吵得非常厉害。女王对此本已十分恼火，加上艾塞克斯伯爵在会上傲慢专横，不断盘问、取笑，动怒的女王忍无可忍，给了艾塞克斯伯爵一记耳光，并喝令他退出会议。事后，艾塞克斯伯爵的朋友、当时的大法官、掌玺大臣伊杰顿写信规劝艾塞克斯伯爵屈服。他说："屈服吧！让政治、责任、宗教强迫你屈服，服从你的统治者。"可是艾塞克斯伯爵不听。此后，艾塞克斯伯爵与女王的关系急剧恶化。

1599年女王派艾塞克斯伯爵率兵镇压爱尔兰的叛乱。在出征期间，培根曾写信向他提出多种建议，希望他出征成功，这是修补他和女王关系的好机会。建议艾塞克斯伯爵在整个行动中，要记住贡献比名声更有价值，在对待女王的关系上，记住服从比供奉更好。可是艾塞克斯伯爵对这劝告听不进去，不久就兵败逃归，这样他与女王的关系遂接近破裂。即使在这样的情况下，培根还向他提出了许多忠告。

在艾塞克斯伯爵回国的第二年，根据女王的命令被以叛国罪逮捕。当时培根作为一名王室法律顾问和一名法律公职人员奉命参与艾塞克斯伯爵案的审理工作。由于他和艾塞克斯伯爵的特殊关系为上流社会所共知和注目，所以培根在审理过程中不得不表现严厉以示公正，想借此表示自己是不徇私情而坚决站在女王和国家利益的立场上的。初审后，艾塞克斯伯爵被保释回家。他对培根在他的案件审理中的表现可能深感失望。这时，艾塞克斯伯爵开始筹划一个新的政变阴谋，结果事泄失败，于1601年2月8日再度被捕，25日被处以极刑。

这就是培根与艾塞克斯伯爵关系的始末。培根的不智，也许就在于他未能主动回避艾塞克斯伯爵的叛国案的审理工作。但是，如果他那样做，也有可能作为同谋犯被卷入此案。尽管如此，据历史记载，培根在此案件审理过程中，还是竭力想把艾塞克斯伯爵的案情化重为轻的。在他的发言中，曾讲过此案"缺乏有力的证据"。当艾塞克斯伯爵被拘留时，培根并不认为艾塞克斯伯爵的不服从女王是对女王的反叛或不忠，而认为这不过是一个受宠幸的人的任性、狂妄而已。他甚至以两种不同的笔调伪造他哥哥安东尼和艾塞克斯伯爵之间的通信作证据呈示女王，从而力图证明艾塞克斯伯爵对女王的献身和忠诚。同时也证明使女王对艾塞克斯伯爵恼怒的那些公众舆论都是艾塞克斯伯爵在宫廷的政敌有意散布的。

艾塞克斯伯爵在其后接受审判时，也曾用这些信件来为自己辩护。直到培根在得知艾塞克斯伯爵进行了有组织的谋反活动后，才没有再给艾塞克斯伯爵以"帮助"。相反，在法庭上驳回了艾塞克斯伯爵为其罪行的辩护，即所谓"个人争吵"和"以请愿方式"哀求女王的辩护。他说：有武装的请愿者吗？以有君主的失去自由为前提的请愿吗？秘密的商议以武装加以贯彻，这作何解释？任何头脑简单者都不会不把这看作叛逆的。

培根在艾塞克斯伯爵问题上的所作所为一向受到一些人的严厉的非难。他们指责他"忘恩负义"，缺乏"伦理感情"；一些人则认为他这样做，没有任何值得非议之处。在当时培根的地位很低，他除了一些私下的努力（这确实对他是危险的），不可能做更多的事情。而艾塞克斯伯爵无论从人品、政治思想，还是政治作风等方面看，似乎都不值得培根为他殉身牺牲。对于这个问题，后来（1604年）培根曾申辩过。他说："我的辩护不需要冗长和繁复，就是关于那件案子和审讯过程中我所做的一切，都是出于我对女王和国家职责和义务的。在这样的事情上，我是决不为世界上的任何人而表现虚伪和胆怯的，因为任何诚实而居心端正的人都会宁愿舍弃他的国王而不愿舍弃他的上帝，宁愿舍弃他的朋友而不愿舍弃他的国王，但宁愿舍弃任何尘世的利益，还有在某些情形下，宁愿舍弃自己的生命，而不愿舍弃他的朋友。"这说明了培根的效忠是一个阶梯形的，首先是忠于上帝，然后是忠于女王，最后才是朋友。所以这种申辩是可信的，它所阐述的就是培根当时真实的思想状况，以及他所面临的抉择。对于培根这样的抉择没有什么可非议的。

培根晚年受贿案起因于1621年当王室要求增加税收时，议会要求法院调查政府贪污的问题。此案直接涉及国王。国王詹姆士来自没有议会民主的苏格兰，是个对发展资本主义不感兴趣的人。因此，他惯于把议会看作王权的敌人，反对议会讨论他的内政和外交政策。他命令议会把国事托付给唯一有权掌握国事的国王枢密院，并声言，臣民辩论国王所做的任何事，等于煽动叛变。而议会则断言：它有权自由讨论一切真正有关臣民及其权利或地位的问题。结果议会曾几次被解散，直到1621年詹姆士因筹款艰难，不得不召开议会。然而这次议会，头一个举动就是要改革专利权法案。议会攻击国王在赐予专利权时不公正，暗中影射国王对税款的贪污行为。

培根起初作为国家大法官奉命出审此案。当时处于高官显位的培根，一方面主张扶植资本主义的发展，另一方面却又站在詹姆士一边，维护王室关于专利权的特权，肯定它是加强国王经济的有效办法。由于培根站在国王的立场上，所以议会在培根的夙敌爱德华·科克的鼓动下，要求弹劾大法官培根。理由是他在办案中有接受贿赂的嫌疑。开始时，培根对这种指控处之泰然，他在给白金汉公爵的一封信中说："我认为自己的双手是干净的，是问心无愧的……但是在我们这个时代，哪怕担任大法官的是使徒约伯或任何其他人，他们也随时可能被指控犯下最丑恶的罪。因为在这个时代，不仅犯罪已成为一种时髦，而且诬陷也成了一种高尚。"培根的这番话反映了当时英国的社会风气。

当时社会腐败，在莎士比亚的剧中也有非常深刻的揭露和描绘。由于此案具有复杂政治背景，更由于培根与詹姆士国王之间的确存在私人之间的特殊友情，所以培根在被控诉后实际上很难进行抗辩。正如前面所讲的事实那样，因为案情的彻底暴露，势必要牵连到国王本人，导致深刻的政治危机。在这种情况下，培根只好接受对他的起诉。

议会对培根起诉的罪名中，最主要的一项是他担任法官时曾接受过委托人的礼品。不过在当时给予或接受这样的礼物是司空见惯的，差不多是"常规行为"，这是弥漫当时整个官场的一种腐败风气。所以，培根在议会上曾这样讲过："诸位请注意，犯下这种罪的不仅是我，而且是这个时代。"但是，现在培根却为此受到指控。因此培根在给詹姆士国王的信中说自己还不是个贪婪的压迫者，也不是一个傲慢的、让人憎恨的人。他说，他从父亲那里就没有继承下天生的憎恨，相反，倒是继承下天生的善良。实际上议会审判培根并非因为他在受贿上有罪，主要问题是他在议会和王权斗争中，站在王权一边了。议会正是要以贬黜这位大法官来打击王权。事实上，在培根案件立案以后，王室的特权受到了冲击，在议会里全面展开了对专利权问题的讨论，而在过去詹姆士是不允许的。同时借此案，也树起了议会法庭的最高权威，审判无需与国王商议，也不容干涉。但是不管怎么说，就接受礼物这一点而论，培根的确是不算清白的。他当时也作过如下的表白："我意志软弱，所以也沾染了时代的恶习。"

对于受贿案，议会任命一个专门委员会调查培根，结果培根被确认有罪，最后由上议院作出了判决：解除培根的一切公职，罚金4万镑，终身囚禁。但是判决后，培根实际上只被监禁了几天，国王就宣布了对他的特赦，并免除了他的罚款，保留他在伦敦的居住权。为此，培根于1621年6月4日致函国王，感谢给予他的自由。而且提出，国王在他的麻烦产生之初，曾为他的遭遇掉过泪，他希望今后仍继续给予他恩宠之露。他表示，活着就要为国王服务，否则生命就没有意义了。同一天，他也致函白金汉，感激公爵使他获释。同时指出，除非他能继续为国王，为公爵服务，否则他的身躯虽出狱了，但其精神却仍在牢狱中。从此案的结果和培根的致函，我们可以进一步看出培根与国王、此案与国王的关系了。事实上，培根明白这件事件的背景和意义。他曾经告诫过詹姆士："现在打击你的大法官的人，恐怕将来也会这样打击你的王冠。"所以，后来许多研究培根的人都认为，培根实际上乃是国王的替罪羊，是议会和王权斗争的一个牺牲品。这就是说，培根在受理王室贪污案时，保护了国王，从而避免了一次政治危机。

哲学思想

培根的哲学思想是与其社会思想是密不可分的。他是资产阶级上升时期的代表，主张发展生产，渴望探索自然，要求发展科学。他认为是经院哲学阻碍了当代科学的发展，因此他极力批判经院哲学和神学权威。他还进一步揭露了人类认识产生谬误的根源，提出了著名的"四假相说"。他说这是在人心普遍发生的一种病理状态，而非在某情况下产生的迷惑与疑难。第一种是"种族的假相"，这是由于人的天性而引起的认识错误；第二种是"洞穴的假相"，是个人由于性格、爱好、教育、环境而产生的认识中片面性的错误；第三种是"市场的假相"，即由于人们交往时语言概念的不确定产生的思维混乱。第四种是"剧场的假相"，这是指由于盲目迷信权威和传统而造成的错误认识。培根指出，经院哲学家就是利用四种假相来抹煞真理，制造谬误，从而给予了经院哲学沉重的打击。但是培根的"假相说"渗透了培根哲学的经验主义倾向，未能对理智的本性与唯心主义的虚妄加以严格区别。

培　根

培根认为当时的学术传统是贫乏的，原因在于学术与经验失去接触。他主张科学理论与科学技术相辅相成。他主张打破"偶像"，铲除各种偏见和幻想，他提出"真理是时间的女儿而不是权威的女儿"，对经院哲学进行了有力的攻击。

培根的科学方法观以实验定性和归纳为主。他继承和发展了古代关于物质是万物本源的思想，认为世界是由物质构成的，物质具有运动的特性,运动是物质的属性。培根从唯物论立场出发,指出科学的任务在于认识自然界及其规律。但受时代的局限,他的世界观还具有朴素唯物论和形而上学的特点。

主要论著

1597年,培根发表了他的处女作《论说随笔文集》。他在书中将自己对社会的认识和思考,以及对人生的理解,浓缩成许多富有哲理的名言警句,受到广大读者的欢迎。

1605年,培根用英语完成了两卷集《论学术的进展》。这是以知识为其研究对象的一部著作,是培根声称要以知识为其领域,全面改革知识的宏大理想和计划的一部分。培根在书中猛烈抨击了中世纪的蒙昧主义,论证了知识的巨大作用,提示了知识不能令人满意的现状及补救的办法。在这本书中,培根提出一个有系统的科学百科全书的提纲,对后来十八世纪的狄德罗为首的法国百科全书派编写百科全书,起了重大作用。

1609年,在培根任副检察长时,他又出版了第三本著作《论古人的智慧》。他认为在远古时代,存在着人类最古的智慧,可以通过对古代寓言故事的研究而发现失去的最古的智慧。

培根原打算撰写一部六卷本百科全书式的著作——《伟大的复兴》,

这是他要复兴科学，要对人类知识加以重新改造的巨著，但他未能完成预期的计划，只发行了前两部分，1620年出版的《新工具》是该书的第二部分。《新工具》是培根最重要的哲学著作，它提出了培根在近代所开创的经验认识原则和经验认识方法。这本书与亚里士多德的《工具篇》是相对立的。

培根在结束其政治生涯后，仅用几个月时间就完成了《亨利七世本纪》一书，这部著作得到后世史学家的高度评价，被誉为是"近代史学的里程碑"。

大约在1623年，培根写成了《新大西岛》一书，这是一部尚未完成的乌托邦式的作品，由罗莱在他去世的第二年首次

培根作品

发表。作者在书中描绘了自己新追求和向往的理想社会蓝图，设计了一个称为"本色列"的国家，在这个国家里，科学主宰一切，这是培根毕业所倡导的科学的"伟大复兴"的思想信念的集中表现。

此外，培根在逝世后还留下了许多遗著，后来，由许多专家学者先后整理出版，包括《论事物的本性》《迷宫的线索》《各家哲学的批判》《自

然界的大事》《论人类的知识》等。

培根名言录

知识就是力量。

生活的理想，就是为了理想地生活。

只知哲学一些皮毛的人，思想会导向无神论。但是，深入了解哲学，会把人带回宗教。

礼节要举动自然才显得高贵。假如表面上过于做作，那就丢失了应有的价值。

读史使人明智，读诗使人灵秀，数学使人周密，科学使人深刻，伦理学使人庄重，逻辑修辞使人善辩，凡有所学，皆成性格。

内容丰富的言辞就像闪闪发光的珠子。真正聪明睿智的却是言辞简短的。

美的至高无上的部分，无法以彩笔描出来。

一般来说，青年人富于"直觉"，而老年人则长于"深思"。

炫耀于外表的才干陡然令人赞美，而深藏未露的才干则能带来幸运。

书籍是在时代的波涛中航行的思想之船，它小心翼翼地把珍贵的货物运送给一代又一代。

在一切大事业上，人在开始做事前要像千眼神那样察看时机，而在进行时要像千手神那样抓住时机。

美貌倘若生于一个品德高尚的人身上，当然是很光彩的；品行不端的人在它面前，便要自惭形秽，远自遁避了。

青年人比较适合发明，而不适合判断；适合执行，而不适合磋商；适合新的计划，而不适合固定的职业。

由智慧所养成的习惯能成为第二本性。

除了知识和学问之外，世上没有任何其他力量能在人的精神和心灵中，在人的思想想象见解和信仰中建立起统治和权威。

残疾人的成功通常不易招致嫉妒。因为他们有缺陷，使人乐于宽忍他们的成功，也常使潜在的对手忽视了他们的竞争和挑战。

合理的安排时间，就等于节约时间。

当你遭遇挫折而感到愤懑抑郁的时候，向知心挚友的一度倾诉可以使你得到疏导。否则这种积郁使人致病。俗语说：人总是乐于把最大的奉承留给自己，而友人的逆耳忠言却可以治疗这个毛病。朋友之间可以从两个方面提出忠告：一是关于品行的，二是关于事业的。

既然习惯是人生的主宰，人们就应当努力求得好的习惯。习惯如果是在幼年就起始的，那就是最完美的习惯，这是一定的，这个我们叫做教育。教育其实是一种从早年就起始的习惯。

实践中的失败主要由于不知道原因而发生，正是在这种情况下人的两种企望：对知识和力量的企望真正相和在一起了。

金钱是品德的行李，是走向美德的一大障碍；因财富之于品德，正如军队与辎重一样，没有它不行，有了它又妨碍前进，有时甚至因为照顾它反而丧失了胜利。

最好的办法是把青年的特点与老年的特点在事业上结合在一起。从现在的角度说，青年可以从老年身上学到他们所不具有的优点；而从社会影响角度来说，有经验的老人执事令人放心，而年轻人的干劲则鼓舞人心。如果说，老人的经验是可贵的，那么青年人的纯真是崇高的。

集体的习惯，其力量更大于个人的习惯。因此如果有一个有良好道德风气的社会环境，是最有利于培训好的社会公民的。

状貌之美胜于颜色之美，而适宜并优雅的行为之美又胜于状貌之美。美中之最上者就是图画所不能表现，初睹所不能见及者。

使人们宁愿相信谬误，而不愿热爱真理的原因，不仅由于探索真理是艰苦的，而且是由于谬误更能迎合人类某些恶劣的天性。

习惯真是一种顽强而巨大的力量，它可以主宰人的一生，因此，人从幼年起就应该通过教育培养一种良好的习惯。

人们的举止应当像他们的衣服，不可太紧或过于讲究，应当宽舒一点，以便于工作和运动。

美德有如名香，经燃烧或压抑而其香愈烈。所以幸运最难显露恶德，而厄运最能显露美德。

人的天性虽然是隐而不露的，但却很难被压抑，更很少能完全根绝。即使勉强施压抑，只会使它在压力消除后更加猛烈。只有长期养成的习惯才能多少改变人的天生气质和性格。

人们大半是依据他的意向而思想，依据他的学问与见识而谈话，而其行为却是依据他们的习惯。缺乏真正的朋友乃是最纯粹最可怜的孤独；没有友谊则斯世不过是一片荒野；我们还可以用这个意义来论"孤独"说，凡是天性不配交友的人其性情可说是来自禽兽而不是来自人类。

人们大半是依据他的意向而思想，依据他的学问与见识而谈话，而其行为却是依据他们的习惯。

青年人比较适合发明，而不适合判断；适合执行，而不适合磋商；适合新的计划，而不适合固定的职业。

爱情就像银行里存一笔钱，能欣赏对方的优点，就像补充收入；容忍对方缺点，这是节制支出。所谓永恒的爱，是从红颜爱到白发，从花开爱到花残。

同情是一切道德中最高的美德。

要追求真理，认识真理，更要依赖真理，这是人性中的最高品德。

相貌的美高于色泽的美，而秀雅合适的动作的美，又高于相貌的美，这是美的精华。

好的运气令人羡慕，而战胜厄运则更令人惊叹。

没有可倾心相谈的知交的人们，是个吃自己和自己心的食人鬼。

真理之川从它的错误之沟渠中流过，像萌芽一般，在一个真理之下又生一个疑问，真理疑问互为滋养。

天赋如同自然花木，要用学习来修剪。

当命运微笑时，我也笑着在想，她很快又要蹙眉了。

友谊的一大奇特作用是：如果你把快乐告诉一个朋友，你将得到两个快乐；而如果你把忧愁向一个朋友倾吐，你将被分掉一半忧愁。秘以友谊对于人世间生，真像炼金术所要找的那种点金石。它能使黄金加倍，又能使黑铁成金。

求知的目的不是为了吹嘘炫耀，而应该是为了寻找真理，启迪智慧。

谚语可以体现一个民族的创造力，智慧和精神。

严厉生畏，但是粗暴生恨，即使公事上的谴责，也应当庄重而不应当侮辱嘲弄。

美德好比宝石，它在朴素背景的衬托下反而更华丽。同样，一个打扮并不华贵，却端庄严肃而有美德的人，是令人肃然起敬的。

誓言是否有效，必须视发誓的目的而定；不是任何的目的都可以使誓言发生力量。

顺境的美德是节制，逆境的美德是坚忍，这后一种是较为伟大的德行。

一个人从另一个人的诤言中所得来的光明，比从他自己的理解力、判断力所得出的光明更是干净纯粹。

在人类历史的长河中，真理因为像黄金一样重，总是沉于河底而很难

培根作品

被人发现，相反的，那些牛粪一样轻的谬误倒漂浮在上面到处泛滥。

幸运并非没有许多的恐惧与烦恼，厄运也并非没有许多的安慰与希望。

读书不是为了雄辩和驳斥，也不是为了轻信和盲从，而是为了思考和权衡。

科学的真正的与合理的目的在于造福于人类生活，用新的发明和财富丰富人类生活。

在富人的想象里，财富是一座坚强的堡垒。

人生如同道路。最近的快捷方式通常是最坏的路。

如果你考虑两遍以后再说，那你说得一定比原来好一倍。

如果问在人生中最重要的才能是什么？那么回答则是：第一，无所畏惧；第二，无所畏惧；第三，还是无所畏惧。

世上友谊本罕见，平等友情更难求。

只要你想想一个人一生中有多少事务是不能仅靠自己去做的，就可以知道友谊有多少益处了。

对一个人的评价，不可视其财富出身，更不可视其学问的高下，而是要看他真实的品德。

我们的语言，不妨直爽，但不可粗暴骄傲；有时也应当说几句婉转的话，但切忌虚伪轻浮与油滑。

时间是不可占有的公有财产，随着时间的推移，真理会愈益显露。

一次不公正的审判，比十次犯罪所造成的危害还要尤烈，因为犯罪不过弄脏了水流，而不公正的审判则败坏了水的源头。

只有对于朋友，你才可以尽情倾诉你的忧愁与欢乐，恐惧与希望，猜疑与欢慰。

用书之智不在书中，而在书外。

在科学史上的地位

弗兰西斯·培根是近代哲学史上首先提出经验论原则的哲学家。他重视感觉经验和归纳逻辑在认识过程中的作用，开创了以经验为手段，研究感性自然的经验哲学的新时代，对近代科学的建立起了积极的推动作用，对人类哲学史、科学史都做出了重大的历史贡献。为此，罗素尊称培根为"给科学研究程序进行逻辑组织化的先驱"。

◎牛　顿

艾萨克·牛顿（1642—1727年），英国物理学家、哲学家、思想家、数学家。牛顿的传世之作《自然哲学的数学原理》（1687年）被誉为"自古以来一部最伟大的著作"。恩格斯说："由于发现了万有引力定律而创立了科学的天文学，由于进行了光的分解而创立了科学的光学，由于创建了二项式定理和无限理论而创立了科学的数学，由于认识了力的本质而创立了科学的力学。"四个创立，无与伦比，堪称"历史上最伟大的科学家"，美国著名科普作家阿西莫夫如是说。

牛顿

牛顿本人一直非常谦虚，他曾以十分平淡的口吻谈及自己的成就："如果说我比笛卡尔看得远一些，那是因为我站在巨人的肩上。"他为人类所做出的巨大贡献使他两次入选英国议会，1703年接受安娜女皇的封爵并出任皇家学会会长。

牛顿为人类建立起"理性主义"的旗帜,开启工业革命的大门。1772年3月20日去世时,成为第一位获得国葬殊荣的科学家。牛顿逝世后被安葬于威斯敏斯特大教堂,成为在此长眠的第一个科学家。

生平概述

1642年的圣诞节前夜,在英格兰林肯郡沃尔斯索浦的一个农民家庭里,牛顿诞生了。牛顿是一个早产儿,出生时只有3磅重。接生婆和他的双亲都担心他能否活下来。谁也没有料到这个看起来微不足道的小东西会成为了一位震古烁今的科学巨人,并且活到了竟活到85岁的高龄。

牛顿出生前三个月父亲便去世了。在他两岁时,母亲改嫁。从此牛顿便由外祖母抚养。11岁时,母亲的后夫去世,牛顿才回到了母亲身边。大约从5岁开始,牛顿被送到公立学校读书,12岁时进入中学。少年时的牛顿并不是神童,他资质平常,成绩一般,但他喜欢读书,喜欢看一些介绍各种简单机械模型制作方法的读物,并从中受到启发,自己动手制作些奇奇怪怪的小玩意,如风车、木钟、折叠式提灯等等。药剂师的房子附近正建造风车,小牛顿把风车的机械原理摸透后,自己也制造了一架小风车。推动他的风车转动的,不是风,而是动物。他将老鼠绑在一架有轮子的踏车上，然后在轮子的前面放上一粒玉米，刚好那地方是老鼠可望不可即的位置。老鼠想吃玉米，就不断的跑动，于是轮子不停地转动。他还制造了一个小水钟。每天早晨，小水种会自动滴水到他的脸上，催他起床。

后来迫于生活，母亲让牛顿停学在家务农。但牛顿对务农并不感兴趣，一有机会便埋首书卷。每次，母亲叫他同她的佣人一道上市场，熟悉做交易的生意经时，他便恳求佣人一个人上街，自己则躲在树丛后看书。有一次，牛顿的舅父起了疑心，就跟踪牛顿上市镇去，他发现他的外甥伸着腿，躺在草地上，正在聚精会神地钻研一个数学问题。牛顿的好学精神感动了舅父，于是舅父劝服了母亲让牛顿复学。牛顿又重新回到了学校，如饥似渴地汲取着书本上的营养。

牛顿19岁时进入剑桥大学，成为三一学院的减费生，靠为学院做杂务的收入支付学费。在这里，牛顿开始接触到大量自然科学著作，经常参加学院举办的各类讲座，包括地理、物理、天文和数学。牛顿的第一任教授伊萨克·巴罗是个博学多才的学者。这位学者独具慧眼，看出了牛顿具有深邃的观察力、敏锐的理解力。于是将自己的数学知识，包括计算曲线图形面积的方法，全部传授给牛顿，并把牛顿引向了近代自然科学的研究领域。

后来，牛顿在回忆时说道："巴罗博士当时讲授关于运动学的课程，也许正是这些课程促使我去研究这方面的问题。"

当时，牛顿在数学上很大程度是依靠自学。他学习了欧几里得的《几何原本》、笛卡尔的《几何学》、沃利斯的《无穷算术》、巴罗的《数学讲义》及韦达等许多数学家的著作。其中，对牛顿具有决定性影响的要数笛卡尔的《几何学》和沃利斯的《无穷算术》，它们将牛顿迅速引导到当时数学最前沿——解析几何与微积分。1664年，牛顿被选为巴罗的助手，第二年，剑桥大学评议会通过了授予牛顿大学学士学位的决定。

正当牛顿准备留校继续深造时，严重的鼠疫席卷了英国，剑桥大学因此而关闭，牛顿离校返乡。家乡安静的环境使得他的思想展翅飞翔，以整个宇宙作为其藩篱。这短暂的时光成为牛顿科学生涯中的黄金岁月，他的三大成就：微积分、万有引力、光学分析的思想就是在这时孕育成形的。可以说此时的牛顿已经开始着手描绘他一生大多数科学创造的蓝图。

随着科学声誉的提高，牛顿的政治地位也得到了提升。1689年，他被

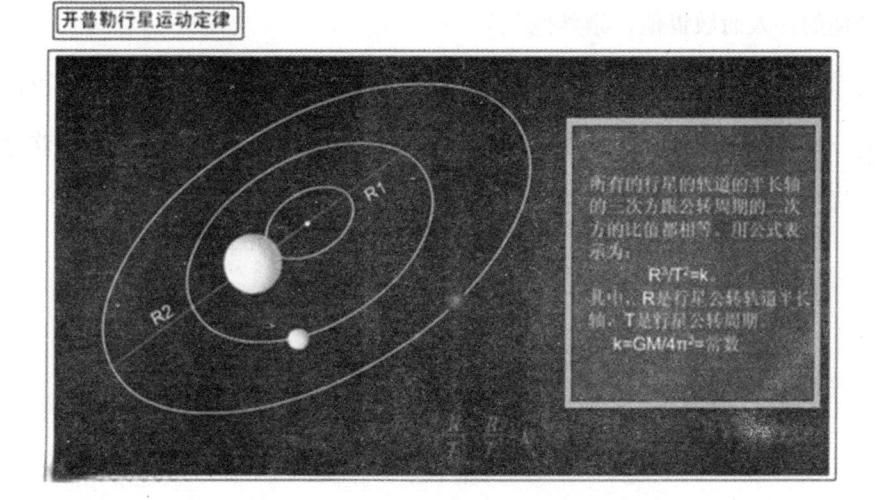

开普勒行星运动定律

当选为国会中的大学代表。作为国会议员，牛顿逐渐开始疏远给他带来巨

大成就的科学。他不时表示出对以他为代表的领域的厌恶。同时，他的大量的时间花费在了和同时代的著名科学家如胡克、莱布尼茨等进行科学优先权的争论上。

晚年的牛顿在伦敦过着堂皇的生活，1705年他被安妮女王封为贵族。此时的牛顿非常富有，被普遍认为是生存着的最伟大的科学家。他担任英国皇家学会会长，在他任职的二十四年时间里，他以铁拳统治着学会。没有他的同意，任何人都不能被选举。

晚年的牛顿开始致力于对神学的研究，他否定哲学的指导作用，虔诚地相信上帝，埋头于写以神学为题材的著作。当他遇到难以解释的天体运动时，竟提出了"神的第一推动力"的谬论。他说"上帝统治万物，我们是他的仆人而敬畏他、崇拜他"。

1727年3月20日，伟大艾萨克·牛顿逝世。同其他很多杰出的英国人一样，他被埋葬在了威斯敏斯特教堂。他的墓碑上镌刻着：让人们欢呼这样一位多么伟大的人类荣耀曾经在世界上存在。

牛顿的成就

（1）力学方面的贡献

牛顿在伽利略等人工作的基础上进行深入研究，总结出了物体运动的三个基本定律（牛顿三定律）：①任何物体在不受外力或所受外力的合力为零时，保持原有的运动状态不变，即原来静止的继续静止，原来运动的继续做匀速直线运动。②任何物体在外力作用下，运动状态发生改变，其动量随时间的变化率与所受的合外力成正比。通常可表述为：物体的加速度与所受的合外力成正比，与物体的质量成反比，加速度的方向与合外力的方向一致。③当物体甲给物体乙一个作用力时，物体乙必然同时给物体甲一个反作用力，作用力和反作用力大小相等，方向相反，而且在同一直线上。这三个非常简单的物体运动定律，为力学奠定了坚实的基础，并对其他学科的发展产生了巨大影响。第一定律的内容伽利略曾提出过，后来 R. 笛卡尔作过形式上的改进，伽利略也曾非正式地提到第二定律的内容。第三定律的内容则是牛顿在总结 C. 雷恩、J. 沃利斯和 C. 惠更斯等人的结果之后得出的。

牛顿是万有引力定律的发现者。他在 1665—1666 年开始考虑这个问题。万有引力定律是牛顿在 1687 年于《自然哲学的数学原理》上发表的。1679 年，R. 胡克在写给他的信中提出，引力应与距离平方成反比，地球高处抛体的轨道为椭圆，假设地球有缝，抛体将回到原处，而不是像牛顿所设想的轨道是趋向地心的螺旋线。牛顿没有回信，但采用了胡克的见解。在开普勒行星运动定律以及其他人的研究成果上，他用数学方法导出了万有引力定律。牛顿把地球上物体的力学和天体力学统一到一个基本的力学体系中，创立了经典力学理论体系。正确地反映了宏观物体低速运动的宏观运动规律，实现了自然科学的第一次大统一。这是人类对自然界认识的一次飞跃。

牛顿指出流体粘性阻力与剪切率成正比。他说：流体部分之间由于缺乏润滑性而引起的阻力，如果其他都相同，与流体部分之间分离速度成比例。现在把符合这一规律的流体称为牛顿流体，其中包括最常见的水和空气，不符合这一规律的称为非牛顿流体。

在给出平板在气流中所受阻力时，牛顿对气体采用粒子模型，得到阻力与攻角正弦平方成正比的结论。这个结论一般地说并不正确，但由于牛顿的权威地位，后人曾长期奉为信条。20世纪，T. 卡门在总结空气动力学的发展时曾风趣地说，牛顿使飞机晚一个世纪上天。关于声的速度，牛顿正确地指出，声速与大气压力平方根成正比，与密度平方根成反比。但由于他把声传播当作等温过程，结果与实际不符，后来P. S. 拉普拉斯从绝热过程考虑，修正了牛顿的声速公式。

（2）数学方面的贡献

①创建微积分

17世纪以来，原有的几何和代数已难以解决当时生产和自然科学所提出的许多新问题，例如：如何求出物体的瞬时速度与加速度？如何求曲线的切线及曲线长度（行星路程）、矢径扫过的面积、极大极小值（如近日点、远日点、最大射程等）、体积、重心、引力等等；尽管牛顿以前已有对数、解析几何、无穷级数等成就，但还不能圆满或普遍地解决这些问题。当时笛卡尔的《几何学》和瓦里斯的《无穷算术》对牛顿的影响最大。牛顿将古希腊以来求解无穷小问题的种种特殊方法统一为两类算法：正流数术（微分）和反流数术（积分），反映在1669年的《运用无限多项方程》、1671年的《流数术与无穷级数》、1676年的《曲线求积术》三篇论文和《原理》一书中，以及被保存下来的 1666 年 10 月他写的在朋友们中间传阅的一篇手稿《论流数》中。所谓"流量"就是随时间而变化的自变量如 x、y、s、u 等，"流数"就是流量的改变速度即变化率，写作等。他说的"差率""变率"就是微分。与此同时，他还在 1676 年首次公布了他发明的二项式展开定理。牛顿利用它还发现了其他无穷级数，并用来计算面积、积分、解方程等等。1684 年莱布尼茨从对曲线的切线研究中引入了和拉长的 S 作为微积分符号，从此牛顿创立的微积分学在大陆各国迅速推广。

微积分的出现，成了数学发展中除几何与代数以外的另一重要分支——数学分析（牛顿称之为"借助于无限多项方程的分析"），并进一步进进发展为微分几何、微分方程、变分法等等，这些又反过来促进了理论物理学的发展。例如瑞士 J. 伯努利曾征求最速降落曲线的解答，这是变分法的最初始问题，半年内全欧数学家无人能解答。1697 年，一天牛顿偶然听说此事，当天晚上一举解出，并匿名刊登在《哲学学报》上。伯努利惊异地说："从这锋利的爪中我认出了雄狮"。

微积分的创立是牛顿最卓越的数学成就。牛顿为解决运动问题，才创立这种和物理概念直接联系的数学理论的，牛顿称之为"流数术"。它所处理的一些具体问题，如切线问题、求积问题、瞬时速度问题以及函数的极大和极小值问题等，在牛顿前已经得到人们的研究了。但牛顿超越了前人，他站在了更高的角度，对以往分散的结论加以综合，将自古希腊以来求解无限小问题的各种技巧统一为两类普通的算法——微分和积分，并确立了这两类运算的互逆关系，从而完成了微积分发明中最关键的一步，为近代科学发展提供了最有效的工具，开辟了数学上的一个新纪元。

牛顿没有及时发表微积分的研究成果，他研究微积分可能比莱布尼茨早一些，但是莱布尼茨所采取的表达形式更加合理，而且关于微积分的著作出版时间也比牛顿早。在牛顿和莱布尼茨之间，为争论谁是这门学科的创立者的时候，竟然引起了一场轩然大波，这种争吵在各自的学生、支持者和数学家中持续了相当长的一段时间，造成了欧洲大陆的数学家和英国数学家的长期对立。英国数学在一个时期里闭关锁国，囿于民族偏见，过于拘泥在牛顿的"流数术"中停步不前，因而数学发展整整落后了一百年。

1707年，牛顿的代数讲义经整理后出版，定名为《普遍算术》。他主要讨论了代数基础及其（通过解方程）在解决各类问题中的应用。书中陈述了代数基本概念与基本运算，用大量实例说明了如何将各类问题化为代数方程，同时对方程的根及其性质进行了深入探讨，引出了方程论方面的丰硕成果，如：他得出了方程的根与其判别式之间的关系，指出可以利用方程系数确定方程根之幂的和数，即"牛顿幂和公式"。

牛　顿

②对解析几何与综合几何的贡献

牛顿在 1736 年出版的《解析几何》中引入了曲率中心,给出密切线圆(或称曲线圆)概念,提出曲率公式及计算曲线的曲率方法。并将自己的许多研究成果总结成专论《三次曲线枚举》,于 1704 年发表。此外,他的数学工作还涉及数值分析、概率论和初等数论等众多领域。

③二项式定理

牛顿在前人工作的基础上,提出"流数(fluxion)法",建立了二项式定理,并和 G. W. 莱布尼茨几乎同时创立了微积分学,得出了导数、积分的概念和运算法则,阐明了求导数和求积分是互逆的两种运算,为数学的发展开辟了一个新纪元。

在 1665 年,刚好二十二岁的牛顿发现了二项式定理,这对于微积分的充分发展是必不可少的一步。二项式定理在组合理论、开高次方、高阶等差数列求和,以及差分法中有广泛的应用。二项式级数展开式是研究级数论、函数论、数学分析、方程理论的有力工具。在今天我们会发觉这个方法只适用于 n 是正整数,当 n 是正整数 1,2,3,……,级数终止在正好是 n+1 项。如果 n 不是正整数,级数就不会终止,这个方法就不适用了。但是我们要知道,莱布尼茨在 1694 年才引进函数这个词,在微积分早期阶段,研究超越函数时用它们的级来处理是所用方法中最有成效的。

(3)光学方面的贡献

牛顿曾致力于颜色的现象和光的本性的研究。1666 年,他用三棱镜研究日光,得出结论:白光是由不同颜色(即不同波长)的光混合而成的,不同波长的光有不同的折射率。在可见光中，红光波长最长，折射率最小；紫光波长最短，折射率最大。牛顿的这一重要发现成为光谱分析的基础，揭示了光色的秘密。牛顿还曾把一个磨得很精、曲率半径较大的凸透镜的凸面，压在一个十分光洁的平面玻璃上，在白光照射下可看到，中心的接触点是一个暗点，周围则是明暗相间的同心圆圈，后人把这一现象称为"牛顿环"。他创立了光的"微粒说"，从一个侧面反映了光的运动性质，但牛顿对光的"波动说"并不持反对态度。1704年，他出版了《光学》一书，系统阐述他在光学方面的研究成果。

（4）天文学方面的贡献

牛顿1672年创制了反射望远镜。他用质点间的万有引力证明，密度呈球对称的球体对外的引力都可以用同质量的质点放在中心的位置来代替。他还用万有引力原理说明潮汐的各种现象，指出潮汐的大小不但同月球的位相有关，而且同太阳的方位有关。牛顿预言地球不是正球体，岁差就是由于太阳对赤道突出部分的摄动造成的。

（5）哲学方面的贡献

牛顿的哲学思想基本属

反射望远镜

于自发的唯物主义，他承认时间、空间的客观存在。如同历史上一切伟大人物一样，牛顿虽然对人类作出了巨大的贡献，但他也不能不受时代的限制。例如，他把时间、空间看作是同运动着的物质相脱离的东西，提出了所谓绝对时间和绝对空间的概念；他对那些暂时无法解释的自然现象归结为上帝的安排，提出一切行星都是在某种外来的"第一推动力"作用下才开始运动的说法。

《自然哲学的数学原理》牛顿最重要的著作，1687年出版。该书总结了他一生中许多重要发现和研究成果，其中包括上述关于物体运动的定律。他说，该书"所研究的主要是关于重、轻流体抵抗力及其他吸引运动的力的状况，所以我们研究的是自然哲学的数学原理。"该书传入中国后，中国数学家李善兰曾译出一部分，但未出版，译稿也遗失了。现有的中译本是数学家郑太朴翻译的，书名为《自然哲学之数学原理》，1931年商务印书馆初版，1957、1958年两次重印。

哲学思想和科学方法

牛顿在科学上的巨大成就连同他的朴素的唯物主义哲学观点和一套初具规模的物理学方法论体系，给物理学及整个自然科学的发展，给18世纪的工业革命、社会经济变革及机械唯物论思潮的发展以巨大影响。

牛顿的哲学观点与他在力学上的奠基性成就是分不开的，一切自然现象他都力图力学观点加以解释，这就形成了牛顿哲学上的自发的唯物主义，同时也导致了机械论的盛行。事实上，牛顿把一切化学、热、电等现象都看作"与吸引或排斥力有关的事物"。例如他最早阐述了化学亲和力，把化学置换反应描述为两种吸引作用的相互竞争；认为"通过运动或发酵而发热"；火药爆炸也是硫磺、炭等粒子相互猛烈撞击、分解、放热、膨胀的过程等。

这种机械观，即把一切的物质运动形式都归为机械运动的观点，把解释机械运动问题所必需的绝对时空观、原子论、由初始条件可以决定以后任何时刻运动状态的机械决定论、事物发展的因果律等等，作为整个物理学的通用思考模式。可以认为，牛顿是开始比较完整地建立物理因果关系体系的第一人，而因果关系正是经典物理学的基石。

牛顿在科学方法论上的贡献正如他在物理学特别是力学中的贡献一样，不只是创立了某一种或两种新方法，而是形成了一套研究事物的方法论体系，提出了几条方法论原理。在牛顿《原理》一书中集中体现了以下几种科学方法：

①实验——理论——应用的方法。牛顿在《原理》序言中说："哲学的全部任务看来就在于从各种运动现象来研究各种自然之力，而后用这些方法论证其他的现象。"科学史家 I. B. Cohen 正确地指出，牛顿"主要是将实际世界与其简化数学表示反复加以比较"。牛顿是从事实验和归纳实际材料的巨匠，也是将其理论应用于天体、流体、引力等实际问题的能手。

②分析——综合方法。分析是从整体到部分（如微分、原子观点），综合是从部分到整体（如积分，也包括天与地的综合、三条运动定律的建立等）。牛顿在《原理》中说过："在自然科学里，应该像在数学里一样，在研究困难的事物时，总是应当先用分析的方法，然后才用综合的方法……。一般地说，从结果到原因，从特殊原因到普遍原因，一直论证到最普遍的原因为止，这就是分析的方法；而综合的方法则假定原因已找到，并且已经把它们定为原理，再用这些原理去解释由它们发生的现象，并证明这些解释的正确性"。

③归纳——演绎方法。上述分析—综合法与归纳—演绎法是相互结合的。牛顿从观察和实验出发。"用归纳法去从中作出普通的结论"，即得到概念和规律，然后用演绎法推演出

牛 顿

种种结论，再通过实验加以检验、解释和预测，这些预言的大部分都在后来得到证实。当时牛顿表述的定律他称为公理，即表明由归纳法得出的普遍结论，又可用演绎法去推演出其他结论。

④物理——数学方法。牛顿将物理学范围中的概念和定律都"尽量用数学演出"。爱因斯坦说："牛顿才第一个成功地找到了一个用公式清楚表

述的基础,从这个基础出发他用数学的思维,逻辑地、定量地演绎出范围很广的现象并且同经验相符合","只有微分定律的形式才能完全满足近代物理学家对因果性的要求,微分定律的明晰概念是牛顿最伟大的理智成就之一"。牛顿把他的书称为《自然哲学的数学原理》正好说明这一点。

牛顿的哲学思想和方法论体系被爱因斯坦赞为"理论物理学领域中每一工作者的纲领"。这是一个指引着一代一代科学工作者前进的开放的纲领。但牛顿的哲学思想和方法论不可避免地有着明显的时代局限性和不彻底性,这是科学处于幼年时代的最高成就。牛顿当时只对物质最简单的机械运动作了初步系统研究,并且把时空、物质绝对化,企图把粒子说外推到一切领域(如连他自己也不能解释他所发现的"牛顿环"),这些都是他的致命伤。牛顿在看到事物的"第一原因""不一定是机械的"时,提出了"这些事情都是这样地井井有条……是否好像有一位……无所不在的上帝"的问题,并长期转到神学的"科学"研究中,费了大量精力。但是,牛顿的历史局限性和他的历史成就一样,都是启迪后人不断前进的教材。

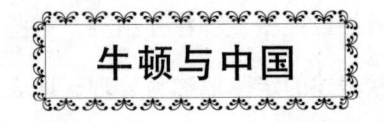

牛顿与中国

牛顿生活的年代相当于明亡之前一年到清雍正5年,《自然哲学的数学原理》一书发表的时间相当于康熙 25 年。从牛顿《原理》发表的 1687 年到 1840 年的 150 余年间，牛顿物理学和天文学知识几乎没有介绍到中国。《原理》一书的基本内容直到鸦片战争之后才在中国传播。

哥白尼的太阳中心说、开普勒的椭圆轨道、牛顿的万有引力三者相继传入中国，它们和中土奉为圭臬的"天动地静""天圆地方""阴阳相感"的传统有天壤之别。这就不能不引起中国人的巨大反响。牛顿学说在中国的传播决不只是影响了学术界，唤醒了人们对于科学真理的认识。更重要的是，也为中国资产阶级改革派发起的戊戌变法（1898 年）提供了一种舆论准备。这个运动的主将康有为、梁启超和谭嗣同等人，都无例外地从牛顿学说中寻找维新变法的根据，尤其是牛顿在科学上革故图新的精神鼓舞了清代一切希望变革社会的有志之士。

谭嗣同

趣闻轶事

（1）苹果落地

一个偶然的事件往往能引发一位科学家思想的闪光。这是 1666 年夏末一个温暖的傍晚，在英格兰林肯州乌尔斯索普，一个腋下夹着一本书的年轻人走进他母亲家的花园里，坐在一棵树下，开始埋头读他的书。当他翻动书页时，他头顶的树枝中有样东西晃动起来。一只历史上最著名的苹果落了下来，打在 23 岁的牛顿的头上。恰巧在那天，牛顿正苦苦思索着一个问题：是什么力量使月球保持在环绕地球运行的轨道上，以及使行星保持在其环绕太阳运行的轨道上？为什么这只打中他脑袋的苹果会坠落到地上？正是从思考这一问题开始，他找到了这些的答案——万有引力理论。

由于牛顿的《自然哲学的数学原理》一书用的是欧几里德几何学的表述方式，它是一个严密的、完美的体系，书中没有叙述苹果落地的故事，致使许多人对苹果落地一说持保留意见。实际上，牛顿的亲戚和朋友多次证实苹果落地的故事。法国文学家、科学家伏尔泰曾追忆过，他在牛顿去世前一年，即 1726 年去英国时，听牛顿的继姊妹说过，一天，牛顿躺在苹果树下，忽然看到一个苹果落地，引起了他的思考。牛顿灵机一动，脑中突然形成一种观点：苹果落地和行星绕日会不会由同一宇宙规律所支配的？悟出了万有引力定律。牛顿晚年的一位密友斯多克雷也明确提到，在1742年4月的一天，和牛顿共进午餐后，一起来到牛顿家后园，并在苹果树下饮茶。在谈话中"他（指牛顿）告诉我正是在过去同样情况下，注意引力的思想出现在他的脑海里，那是在一棵苹果树下偶然发生的，当时他处于沉思冥想之中。"

（2）牛顿与伪币

作为英国皇家铸币厂的主管官员，牛顿估计大约有20%的硬币是伪造

牛　顿

的。伪造货币在英国是大逆罪，会被处以车裂的极刑。尽管这样，为那些恶名昭著的罪犯定罪是异常困难的；不过，事实证明牛顿胜任这项任务。

牛顿通过掩饰自己的身份而搜集了许多证据，并公之于酒吧和客栈里。英国的法律保留了古老且麻烦的习惯，以给起诉设置必要的障碍，并将政府部门从司法中分离开来。牛顿为此当上了太平绅士，并在1698年6月到到1699年圣诞节间引导了对200名证人、告密者和嫌疑犯的交叉讯问。牛顿最后得以胜诉，并在1699年2月执行了10名罪犯的死刑。后来，他下令将所有的讯问记录予以销毁。

也许牛顿最伟大的胜利是以国王法律代理人的身份与威廉·查洛纳对质。查洛纳密谋策动一起假的天主教阴谋活动，然后检举那些不幸被他诱骗来共谋者。在向国会的请愿中，查洛纳控告铸币厂有偿地将工具提供给了造伪币者，并请求国会允许他检查铸币厂的生产过程以证明他的控告。他还请求国会采纳他所谓的"无法伪造的造币过程"，以及同时打击假币的计划。牛顿被激怒了，并开始着手调查，以查出查洛纳做过的其他事。在调查中，牛顿发现查洛纳参与了伪币制造。他立即起诉了查洛纳，但查洛纳先生在高层有一些朋友，因此他被无罪释放了，这让牛顿感到不满。在第二次起诉中，牛顿提供了确凿的证据，并成功地使查洛纳被判处大逆罪。1699年3月23日，查洛纳在泰伯恩行刑场被车裂。

（3）科学研究的痴情

牛顿对于科学研究专心到痴情的地步。他马虎拖沓，曾经闹过许多的笑话。一次，他边读书，边煮鸡蛋，等他揭开锅想吃鸡蛋时，却发现锅里是一只怀表。还有一次，他请朋友吃饭，当饭菜准备好时，牛顿突然想到一个问题，便独自进了内室，朋友等了他好久还是不见他出来，于是朋友就自己动手把那份鸡全吃了，鸡骨头留在盘子，不告而别了。等牛顿想起，出来后，发现了盘子里的骨头，以为自己已经吃过了，便转身又进了内室，继续研究他的问题。还有一次，一位来访的客人请他估价一具棱镜。牛顿一下就被这具可以用作科学研究的棱镜吸引住了，毫不迟疑地回答说："它是一件无价之宝！"客人看到牛顿对棱镜垂涎三尺，表示愿意卖给他，还故意要了一个高价。牛顿立即欣喜地把它买了下来，管家老太太知道了这件事，生气地说："咳，你这个笨蛋，你只要照玻璃的重量折一个价就行了！"

（4）钟情科学，终身未婚

可以说，每一个伟大的科学家，都是富有激情、富有理想的诗人，但牛顿是一个追求用科学中的光线谱来解释他的理想的特殊类型的诗人。他让他的思想展翅飞翔，以整个宇宙作为藩篱。在他的整个心田里，填满了自然、宇宙，也许这是他终身未娶的最根本原因。不过，牛顿并没有完全与爱情绝缘。他一生中甚至有过两次恋爱。牛顿23岁正在剑桥大学求学时，由于剑桥发生了瘟疫，学校放假。牛顿回到乡下，住在舅父家里。在那里，他一次爱上了美丽、聪明、好学、富有思想的表妹。表妹也很喜欢这个学识渊博、卓见非凡的大学生。他们常常一起散步。牛顿喜欢即兴发表长篇讲话，他的讲话内容又多是他正在学习和研究的问题。表妹虽听不懂，但她还是耐心地听，似乎觉得很有趣。牛顿在心里想："这样一个可爱的女子，对于我所讲的觉得这样有味，我一定很不错。当然，她的脑筋一定也很好，是个不平凡的女子。如果能得到她的帮助，解决我的许多困难问题，与我共同工作，那该多好啊！"

但是牛顿生性腼腆，并未及时向表妹表白心中的爱情。等他回到剑桥大学后，又聚精会神地沉浸到科学研究中去了。他早已忘记了远方的乡村还有一位美丽的少女在等着他。他对个人生活一直不予重视，而她的表妹却误以为牛顿对她冷淡，便择夫，令醉心于科学研究而耽误了一次爱情的大好时机。牛顿实在太忙了，他连做梦想是宇宙、世界。他往往领带不

牛　顿

结，鞋带不系好，马裤也不扣好，就走进大学餐厅。尽管如此，牛顿毕竟是个年轻人，还有一颗浪漫的心。有一次，"青春迫不及待的激情"催使他向一位年轻姑娘求婚。他轻轻地握着她的手，含情脉脉地看着这位美

人。正在这紧要关头,他的心思忽地溜到另一个世界去了。他的头脑中只剩下无穷量的二项式定理。他像做梦似的,下意识地抓住情人的一个手指,把它当成是通烟斗的通条,硬往烟斗里塞。姑娘痛得大叫一声,他才清醒过来。面对吃惊的姑娘,他连忙像只绵羊似的柔声道歉:"啊,亲爱的,饶恕我吧!我知道,我是不行了。看来,我是该打一辈子光棍!"

姑娘饶恕了牛顿,却无法理解他,爱情又成了泡影。科学上许多新的问题不断扑向牛顿的脑海,他整个热情都集中到了科学事业上。

科学巨匠的另一面

人们往往倾向于把科学史上具有划时代意义的伟大科学家看作是品德高尚的天才和圣人,无数荣誉和光环围绕着他们,使人们难以了解他们作为普通人的真实性情。新近出版的《牛顿传:最后的炼金术士》,通过大量详实的资料和原始档案,还原了一个真实的牛顿。

这位站立在巫术终结和科学兴起的历史转折点上的天才,通过对未知世界永无止境的探索,使他成为有史以来最伟大的科学家之一,也使他将自己一生中更多的精力花费在炼金术上。牛顿总共留下50多万英文单词的炼金术手稿和100多万单词的神学手稿,而这些工作与他的科学发现很难说是毫无关联的。除此之外,他还专门研究过治疗想像中他所患疾病的药物。

此书作者基于科学发生学的视角,提出了牛顿痴迷炼金术与奠立近代科学基础之间的重大关联。他借助牛顿遗留下来的重要信件和从未发表过

霍 金

的笔记,阐释了牛顿从事炼金术和神学研究对于他发现万有引力,以及后来进行的统一场论研究的作用。

值得一提的是,直到1936年,牛顿真实的另一面才逐渐显露出来,而这要归功于20世纪的经济学大师、牛顿研究者约翰·梅纳德·凯恩斯。当时有一批牛顿遗留下来的文件在苏富比拍卖公司拍卖,这些文件是大约50年前由剑桥大学所接受的捐赠中被认为"不具科学价值"的一部分收藏品。结果,凯恩斯在拍卖中购得这批文件。

凯恩斯在研读这批从未向世人公布过的秘密文件后，于1942年在英国皇家学会发表演说，将历史上这位最著名和最崇高的科学家描绘成一个受到争议的性格偏执者。凯恩斯对牛顿的重新评价值得我们正视和思考："从18世纪以来，牛顿一向被认为是第一个，也是最伟大的近代科学家，是一个理性主义者，他教导我们作出冷静的思考和无偏的推理。可是现在我要说，我不认为如此，我不认为任何人在看完那一箱文件之后，还会把他看成是那样一位道德高尚的伟人。"

无独有偶，当今世界上最伟大的物理学家史蒂芬·霍金在《时间简史》一书中也对牛顿做过不客气的评价：牛顿不是一个讨人喜欢的人，他和其他院士的关系声名狼藉。他晚年的大部分时间都是在激烈的争吵中度过。他有意识地报复了皇家天文学家约翰·夫莱姆斯梯德，又与德国哲学家莱布尼茨发生了更为严重的冲突。莱布尼茨和牛顿各自独立地创造了微积分，尽管牛顿发现微积分要比莱布尼茨早若干年，但他很晚才出版自己的著作。于是，谁是微积分的第一创造者，成了当时科学界争吵的一件大事。

值得注意的是，大多数为牛顿辩护的文章均出自牛顿本人之手，只不过是用朋友的名义发表的。无奈的莱布尼茨只得请求英国皇家学会予以裁定，而作为皇家学会会长的牛顿指定了一个由牛顿自己的朋友所组成的"公正的"委员会来审查，更有甚者，牛顿自己写了委员会的报告，以皇家学会的名义发表，正式谴责莱布尼茨剽窃。

至于牛顿为什么痴迷于炼金术，也颇令人费解。人们很难相信，对财富并非极度渴望的牛顿，只是为了获取财富之源会花费那么多精力，但同样不能令人信服的是,他是在通过这种形式进行科学探索。那么只有一种解释可能较为可信——牛顿的自大,使他希望通过炼金术试验的成功来超越他那个时代和以往数百年间的竞争对手。

如果我们以今天的眼光来审视炼金术,我们应当承认它至少带来了一些有用的技术和工具。并且炼金术可能或多或少地激发了牛顿的灵感,有助于他在科学领域中的探索和发现。

阅读这本《牛顿传》可以得到的启示是,科学巨人同样可能走向歧途,他们的人格或个性也可能存在着这样或那样的缺陷,但是他们对世界文明的贡献是第一位的,而这些有利于社会进步的探索永远不会被贬低或者忘却。

后世评价

不管牛顿的生平有过多少谜团和争议,但这都不足以降低牛顿的影响力。1726年,伏尔泰曾说过牛顿是最伟大的人,因为"他用真理的力量统治我们的头脑,而不是用武力奴役我们"。

事实上,如果查阅一部科学百科全书的索引,你会发现有关牛顿和他的定律及发现的材料要比任何一位科学家都多两到三倍。莱布尼茨并不是牛顿的朋友,他们之间曾有过非常激烈的争论。但他写道:"从世界的开始直到牛顿生活的时代为止，对数学发展的贡献绝大部分是牛顿做出的。"伟大的法国科学家拉普拉斯写到："《原理》是人类智慧的产物中最卓越的杰作。"拉格朗日经常说牛顿是有史以来最伟大的天才。

在美国学者麦克·哈特所著的《影响人类历史进程的100名人排行榜》，牛顿名列第2位，仅次于穆罕默德。书中指出：在牛顿诞生后的数百年里，人们的生活方式发现了翻天覆地的变化，而这些变化大都是基于牛顿的理论和发现。而从大多数人的日常活动看，公元前1500年时的大部分人仍过着与公元前1500年的人差不多的生活。但是在过去500年里，随着现代科学的兴起，大多数人的日常生活发生了革命性的变化。同1500年前的人相比，我们穿着不同，饮食不同，工作不同，更与他们不同的是我们还有大量的闲暇时间。科学发现不仅带来技术上和经济上的革命，它还完全改变了政治和宗教思想、艺术和哲学。经过这次科学革命，几乎人类活动的每一个方面都发生了变化。

2003年，英国广播公司在一次全球性的评选最伟大的英国人活动当

牛顿

中，牛顿被评为最伟大的英国人之首。在《伟大的英国人》系列纪录片中专门编辑了牛顿专集的历史学家特里斯特拉姆·亨特表示："全球的公众意识到牛顿的成就是世界性的，而且对全人类都产生影响。这些投票者显然都跨越了国界，他对于牛顿的一马当先感到高兴。"

◎伏尔泰

伏尔泰(1694—1788年),18世纪法国启蒙思想家、文学家、史学家、哲学家。在法国波澜壮阔的启蒙运动中,一位思想家为了避免封建专制势力的迫害,曾先后以一百多个笔名发表反封建作品,其中,"伏尔泰"是人们最熟悉的一个笔名。他是十八世纪法国资产阶级启蒙运动的旗手,被誉为"思想之王""法兰西最优秀的诗人"。

伏尔泰不仅在哲学上有卓越成就,也以捍卫公民自由,特别是信仰自由和司法公正而闻名。他曾两次被捕入狱,主张开明的民主制度,强调自由和平等。尽管在他所处的时代审查制度十分严厉,伏尔泰仍然公开支持社会改革。他的论说以讽刺见长,常常抨击基督教会的教条和当时的法国教育制度。雨果曾评价说:"伏尔泰所代表的不是一个人,而是一个世纪。"他提倡卢梭所倡导的天赋人权,认为人

伏尔泰

生来就是自由和平等的，一切人都具有追求生存、追求幸福的权利，这种权利是天赋予的，不能被剥夺，这就是天赋人权思想。

"精神王子"伏尔泰

伏尔泰本名是弗朗索瓦·马利·阿鲁埃，1694年出生于巴黎一个法院公证人家庭。他天资聪慧，从小就热爱文学。中学毕业后，迫于父命曾进入一所法科学校学习，但他立志当文学家，后来便成为一名无业文人。1717年，他因写讽刺诗影射宫廷的淫乱生活，被投入巴士底狱关押了11个月。在狱中，他首次以"伏尔泰"为笔名创作了悲剧《俄狄浦斯王》。出狱后，该剧的公演使他一举成名。他还以史诗《同盟》赢得了"法兰西最优秀诗人"的桂冠。

1726年，伏尔泰因遭诬告再次入狱，获释后被逐出法国。他前往英国，考察君主立宪的政治制度，深入研究洛克的哲学著作和牛顿的科学成果，形成了反对封建专制主义的政治主张和自然神论的唯物主义哲学观点。3年后他回到巴黎，积极开展启蒙宣传。他先后创作了歌颂民主共和制度的历史剧《布鲁特》和反对宗教狂热的悲剧《查伊尔》。

伏尔泰写过大量文学作品，其中著名的有史诗《亨利亚德》《奥尔良少女》，悲剧《欧第伯》，喜剧《放荡的儿子》，哲理小说《老实人》《天真汉》。他又写过不少历史著作,如《路易十四时代》《论各民族的风俗与精神》等。在哲学方面,他的代表作有《哲学辞典》《形而上学论》《牛顿哲学原理》等著作,其中最有影响的一本书是《哲学通信》,该书首次系统地向法国人民介绍了英国的哲学、文学、政治理论和政治状况,被人称为"投向旧制度的第一颗炸弹。"该书一出版,立即被当局查禁并当众焚毁,伏尔泰也被迫离开巴黎。此后,伏尔泰进行了多方面的创作活动,在哲学、科学和文学等领域都取得了丰硕的成果。

伏尔泰的名气越来越大,许多达官贵人为了沽名钓誉,纷纷同他交往,如普鲁士王储腓特烈(即后来的腓特烈二世);法国还于1746年让他进入法兰西学士院。但是,后来他发现包括腓特烈二世在内的封建统治者并不是真正赞同他的观点,他决心不再与任何君主往来。1755年,他在法国和瑞士边境的佛尔纳定居下来。此后,他继续写作,发表了哲学小说《老实人》《天真汉》等不朽名著。他还为一位被法国法院残害致死的新教徒卡拉鸣不平,并

伏尔泰画像

最终迫使法国政府为卡拉平反。伏尔泰的坚决斗争唤醒了越来越多的法国民众，摧毁了教会的威信，为即将到来的资产阶级民主革命铺平了道路。

由于伏尔泰的威信越来越高，封建统治者为了迎合民众的需要，不得不做出一些让步。1778年2月，84岁的启蒙泰斗伏尔泰被巴黎人民作为伟人迎进了巴黎。当时巴黎全城轰动，公众对他的欢呼致敬远远超过对帝王形式上的礼遇。巴黎剧院首演他新写的悲剧《伊兰纳》，演员们在舞台上抬出了他的大理石半身像，并为它举行了加桂冠仪式。这是他一生事业和荣誉的顶点。这一年5月30日，他在佛尔纳因病逝世。

18世纪法国启蒙运动是人类历史上一个光辉灿烂的时代。在当时众多的思想家中，伏尔泰是公认的领袖和导师。他博学多识，才华横溢，著述宏富，在戏剧、诗歌、小说、政论、历史和哲学诸多领域均有卓越贡献。他一生反对专制主义和封建特权，追求自由平等和资产阶级君主立宪制。伏尔泰以其思想启迪民众的心智，影响了整整一代人。

伏尔泰死后，先是葬于香槟省一个小礼拜堂内；1791年法国大革命期间，人民把他的遗骸运到巴黎著名的先贤祠重新安葬，当时他的灵车上写着这样的句子"他教导我们走向自由"。伏尔泰创作了许多著作，他反对封建专制、反对宗教迷信，宣扬自由和平等的原则，主张人们在法律面前一律平等。他很有名的一句话："我不同意你说的每一个字，但是我誓死保卫你说话的权利。"代表了他对于言论自由的主张。

"伏尔泰不只是一个人，而是整整一个时代"。这是雨果对伏尔泰的评价。他的名字至今仍是世界上一切不愿战争、反抗暴力、捍卫民主自由的人们的崇拜对象。

思想观点

伏尔泰尖刻地抨击天主教会的黑暗统治。他把教皇比作"两只脚的禽兽",把教士称作"文明的恶棍",说天主教是"一些狡猾的人布置的一个最可耻的骗人罗网"。他号召"每个人都按照自己的方式同骇人听闻的宗教狂热作斗争,一些人咬住他的耳朵;另一些人踩住他的肚子,还有一些人从远处痛骂他。"不过伏尔泰并不是一个无神论者,而是一个自然神论者,提倡对不同的宗教信仰采取宽容的态度,终生与宗教偏见作斗争,但又认为宗教作为抑制人类情欲和恶习的手段是必不可少的。他认为要统治人民;宗教是不可缺少的。他说"即使没有上帝;也要造出一个上帝来"。

伏尔泰信奉自然权利说,认为"人们本质上是平等的",要求人人享有"自然权利"。他主张人人在法律面前平等,但又认为财产权利的不平等是不可避免的。他把英国的君主立宪制理想化了,认为最理想的是由"开明"的君主按哲学家的意见来治理国家。伏尔泰在启蒙运动的思想家中,反映上层资产阶级的利益,主张开明君主制。他在哲学上信奉英国唯物主义哲学家洛克的经验论。

在哲学上,他承认物质世界的客观存在,肯定认识采源于感觉经验,但他又认为神是宇宙的"第一推动者"。他对劳动人民是十分鄙视的,认为他们只能干粗活，不能思考，说"当庶民都思考时，那一切都完了"。

伏尔泰作为资产阶级思想家，在他的各个方面都有局限性，这是毫不奇怪的。因为在他的身上也深深地打上他所处的那个时代和阶级的烙印。不过他在反封建的启蒙运动中作出的巨大的贡献，还是值得人们永远纪念的。

文学观点

伏尔泰的文学观点和趣味，基本上承袭17世纪古典主义的余风，主要表现在诗歌和悲剧创作上。他的史诗《亨利亚德》（1728年）以法国16世纪宗教战争为题材，写波旁王朝亨利四世在内战中取得胜利后登基为王，颁布南特赦令以保障新教徒的信仰自由。史诗中的亨利四世被当做开明君主的榜样来歌颂。伏尔泰的哲理诗说理透彻，讽刺诗机智冷隽，有独到之处。伏尔泰毕生主要从事戏剧创作，

伏尔泰

先后写了50多部剧本，其中大部分是悲剧。伏尔泰的文学作品中最有价值的是哲理小说。这是他开创的一种新体裁，用戏谑的笔调讲述荒诞不经的故事，影射和讽刺现实，阐明深刻的哲理。

伏尔泰故事

（1）怒斥神甫

1778年2月，84岁高龄的伏尔泰回到阔别28年的巴黎。消息一传开，全城都轰动起来。一些只闻其名、未见其人的年轻人更是欣喜若狂，纷纷涌到他的下榻处，使周围的街道挤得水泄不通。妇女们趁他经过时，偷偷地从他的皮衣上拔下一两根毛，当作圣物保存。

到了巴黎，伏尔泰因过于激动，加之尿毒症发作，被迫卧床。但他仍然坚持口述最后一部五幕诗体悲剧《伊雷娜》。剧本虽写得平平，但演出时，巴黎和凡尔赛反应都十分强烈。王后出席了演出，伏尔泰也拖着病体临场领略这最后的荣誉和幸福。

教会人士心怀鬼胎，想利用伏尔泰的威望抬高自己的身价，因此趁伏尔泰病笃之机，企图从中捞点油水。

一天，一个神甫鬼鬼祟祟地窜入伏尔泰的病房，要求伏尔泰作临终忏悔。伏尔泰虽然不是无神论者，而是自然神论者，但他一贯与教会势不两

立。他深知这位神甫的来意,毫不客气地把他打发走了。没过几天,又有一位叫莫雷的修道院长重演故伎。伏尔泰一见他进来,便问:

"神甫,您从何处来?"

"啊,先生,我从上帝那里来!"

"真的?您能给我出示上帝的诏书吗?"

伏尔泰虽重病在身,但仍保持清醒的头脑,以他特有的辛辣讽刺,无情地揭露这些"披着僧衣的豺狼"的丑恶嘴脸。

5月12日,伏尔泰不住咯血,体温急剧上升,黎塞留公爵不忍看到自己的老朋友这般受苦,给他送来了阿片酊。伏尔泰糊里糊涂,竟把这种药效显著的镇静剂全喝下去了。三个神甫趁他昏迷之际闯了进来,待他稍为清醒后,问他是否承认基督的神圣。伏尔泰在《哲学辞典》中本来已作了否定的回答,一听见"基督""神圣"这两个字眼,他勃然大怒,做了个惊人的动作撑起病体,愤然地推了神甫一把,说:"让我安静地死去吧"。

临终前,伏尔泰对自己的后事做了嘱咐:把棺材一半埋在教堂里,一半埋在教堂外。意思是说,上帝让他上天堂,他就从教堂这边上天堂;上帝让他下地狱,他可以从棺材的另一头悄悄溜走。

1778年5月30日晚上11时,伏尔泰与世长辞。反动教会对这位亵渎宗教的宿敌恨之入骨,下令连夜将他的尸体运出巴黎,弃之荒冢。可是,伏尔泰在法国18世纪启蒙运动中的功绩是抹杀不了的。他大半生被公认为人民的领袖和导师。他的思想和学说将教育好几代人,为反封建斗争奠定了理论基础,为即将到来的资产阶级大革命武装了法国人民的头脑。1791年,法国大革命爆发,他的遗体被迁葬在巴黎先贤祠,并补行国葬,墓在卢梭的旁边，他的心脏，被装进一只盒子，存放在巴黎国家图书馆。

(2) 为卡拉斯惨案平反

1761年，法国朗葛多克地区的图鲁兹有一位颇富声誉的商人叫让·卡拉斯，他是个虔诚的新教徒，当时已经64岁。他共有六个子女，其中有个儿子叫安东尼，原来信奉新教，后来为了能够顺利进入大学学习法科，打算改信天主教。因为安东尼性情抑郁，与人相处也落落寡合，他不愿意像父亲一样做商人，喜欢读《哈姆雷特》以及古罗马折中主义哲学家塞内克论自杀的作品。1761年10月13日晚，卡拉斯家里来了一位客人，席间他先行告退，卡拉斯的另一个儿子掌灯送他出门，结果发现安东尼吊死在门框上，随着他的惊叫，全家人以及周围的邻居都来到安东尼尸体的身边，其中有些天主教徒立刻扬言是卡拉斯夫妇为了阻止安东尼改宗天主教而谋杀了他，并且捏造说新教徒家长宁可置孩子于死地也不愿意他们改变信仰。

尽管周围认识卡拉斯一家的人都能够证明卡拉斯的仁慈和宽容，并且他儿子路易在女仆的劝说下改信天主教并没有遭到卡拉斯的激烈反对也是事实，甚至连女仆都没有被撤换，尽管没有人能够确切地证明安东尼要改变信仰，更没有确凿的证据可以证明卡拉斯一家人谋杀了安东尼，但是案件落在一个狂热的天主教徒法官大卫的手里，在天主教修士们的煽动下，信奉天主教的民众群情激奋，纷纷指控卡拉斯一家谋害了安东尼，安东尼的葬礼也在天主教堂里举行，被煞有介事地作为殉道者对待。

案件被图鲁兹法院审理，卡拉斯全家人包括那位客人全部身陷囹圄，卡拉斯受尽严刑，但是没有因此而屈服自诬认罪，尽管法庭并没有能够拿出证据证明他们杀害了安东尼，但是最后以 8∶5 的投票结果宣判卡拉斯处车裂，家产没收，家庭其他成员释放（有的说女儿被强行送进修道院，儿子被流放）。1762 年，卡拉斯被处以车裂酷刑，并且处以火刑。

　　这起惨案发生以后，伏尔泰的一位朋友从朗葛多克来看望他，顺便将此事告诉伏尔泰，这引起伏尔泰的极度震惊，恰好卡拉斯家属逃亡到日内瓦，与伏尔泰住地法尔奈很近，伏尔泰在了解了事情真相以后，立刻着手为卡拉斯的平反努力。他用了四年时间，发动他周围的朋友、法国上流社会的贵族们、甚至动用了普鲁士王弗里德里希二世和俄国新即位的叶卡捷琳娜二世（即凯瑟琳女王）为卡拉斯案件呼吁，使得本案成为轰动全欧的重大事件，伏尔泰的申诉最后终于获得成功，1766 年即卡拉斯遭受酷刑死去的四年后，巴黎法院最后审判结果是撤销原判决，法王还赐予卡拉斯夫人 3 万 6 千金币作为抚恤金。

◎康 德

伊曼努尔·康德（1724—1804年），德国哲学家、天文学家、星云说的创立者之一、德国古典哲学的创始人，唯心主义，不可知论者，德国古典美学的奠定者。他被认为是对现代欧洲最具影响力的思想家之一，也是启蒙运动最后一位主要哲学家。

康 德

生平概述

伊曼纽尔·康德1724年出生于柯尼斯堡。康德深居简出，终身未娶，一辈子过着单调刻板的学者生活，直到1804年去世为止，从未踏出过出生地半步。

康德生活中的每一项活动，如起床、喝咖啡、写作、讲学、进餐、散步，时间几乎从未有过变化，就像机器那么准确。每天下午 3 点半，工作了一天的康德先生便会踱出家门，开始他那著名的散步，邻居们纷纷以此来校对时间，而教堂的钟声也同时响起。唯一的一次例外是，当他读到法国浪漫主义作家卢梭的名著《爱弥尔》时，深为所动，为了能一口气看完它，不得不放弃每天例行的散步，这使得他的邻居们竟一时搞不清是否该以教堂的钟声来对自己的表。

和许多伟大的德国学者一样，康德家境也很贫寒，以至在金钱观念方面给后人留下笑料。据说这位大学者经常声称，他最大的优点是不欠任何人的一文钱。他曾说："当任何人敲我的门时，我可以永远怀着平静愉快的心情说：'请进。'因为我肯定，门外站着的不是我的债主。"

1740 年康德入哥尼斯贝格大学，从 1746 年起任家庭教师 9 年。1755 年完成大学学业，取得编外讲师资格，任讲师 15 年。在此期间康德作为教师和著作家，声望日隆。除讲授物理学和数学外，还讲授逻辑学、形而上学、道德哲学、火器和筑城学、自然地理等。

18 世纪 60 年代，康德这一时期的主要著作有：《关于自然神学和道德的原则的明确性研究》（1764 年）、《把负数概念引进于哲学中的尝试》（1763 年）、《上帝存在的论证的唯一可能的根源》（1763）。所著《视灵者的幻梦》（1766 年）检验了有关精神世界的全部观点。1770 年被任命为逻辑和形而上学教授。同年发表《论感觉界和理智界的形式和原则》。从 1781 年开始，9 年内出版了一系列涉及广阔领域的有独创性的伟大著作，短期内带来了一场哲学思想上的革命。如《纯粹理性批判》（1781年）、《实践理性批判》（1788年）、《判断力批判》（1790年）。1793年《纯然理性界限内的宗教》出版后被指控为滥用哲学，歪曲并蔑视基督教的基本教义，于是政府要求康德不得在讲课和著述中再谈论宗教问题。但1797年国王死后，他又在最后一篇重要论文《学院之争》（1798年）中重新论及这一问题。《从自然科学最高原理到物理学的过渡》本来可能成为康德哲学的重要补充，但此书未能完成。1804年2月12日康德病逝。

1804年2月12日上午11时，伊曼努尔·康德在家乡科尼斯堡去世。康德去世时形容枯槁，瘦得只剩下一把骨头，遗体放在那里就像一个木乃伊。而且他的遗体也确实像一个木乃伊那样被展览：科尼斯堡的居民排着长队瞻仰这个城市的最伟大的儿子。当时天气寒冷，土地冻得无法挖掘，整整16天过去后康德的遗体才被下葬。

去世时的康德似乎仅仅是自己的一个影子，临死前的若干年里，他的身体和精神都极为衰弱，作为哲学家的康德也只剩下了一个影子，那时德国哲学界的风云人物是费希特、谢林和黑格尔等人，他们作为德国唯心主义的领军人物誉满天下。1799年，康德发表了生前最后一篇文章——"论与费希特科学学之关系"。在这篇封笔之作中，康德对费希特的科学哲学给予的评价是：一钱不值。这是康德作为哲学家的最后一句话，从此他就告别了哲学舞台——他已经完成了自己的使命。

大学苦读的岁月

1740年,康德以绝对优异的成绩从中学毕业,并考入了哥尼斯堡大学。他在大学是个极穷但却极富才华的学生,他不得不常常接受别人的施舍和接济。这使他越来越不苟言笑,越来越喜欢独处。他经常单独一人坐在树阴下沉思。许多别人熟视无睹的问题,他都要想个明白。渐渐地他养成了一层一层逐步推演事理的习惯。

哥尼斯堡大学当时只有四个系:神学、法律、医学和哲学。神学是他不得不学的,但医学和哲学才是他真正感兴趣的。哲学虽然是那所大学最不重视的,但哲学系却有一位非常了不起的教授——克努岑教授。有人断言,要不是去世太早(37岁),他一定会成为德国哲学泰斗之一。但如今人们知道有克努岑这么一个人,却完全由于他曾经是康德上学时最尊敬的老师。他对康德的影响远远超过了舒尔茨牧师和海登莱赫老师。克努岑的课是康德堂堂不落的。克努岑对英国自然科学成就的介绍使康德听得入迷。从克努岑嘴里,康德第一次听到牛顿的名字。在克努岑教授的指导下,从大学四年级起康德就开始独立撰写物理学论文。

1746年,康德写出了他的第一部著作《论对活力的正确评价》。这是一部物理学著作，虽然书中存在一些明显的缺陷，但影响还是很大的。可是，这部著作刚刚定稿，更大的不幸就又落在了康德头上，他父亲没来得及亲眼看到儿子有出息就咽下了最后一口气。康德的著作虽然写好了，却无力出版。幸亏叔叔里赫特可怜侄儿过早失去双亲，慷慨承担了出版的大部分费用。即便如此，《论对活力的正确评价》还是拖到1749年才得以问世。那时康德第一次到邮局寄书，他把自己的第一部著作寄给了外地一位有些名气的学者。结果却是石沉大海，毫无反应，就像他从没有到邮局去过一样。

医学也是一门与自然科学有关的课程，也同样使康德感兴趣。到了晚年康德甚至还写过医学著作。也许是由于康德兴趣广泛，选修的课程跨越了好几个系，后世的传记作者都对他究竟曾是哪个系的学生感到一些困惑。

贫穷的编外讲师

1747年，几乎已经身无分文的康德，没有参加学位论文答辩就离开了大学。离开大学后，康德的出路首先是当家庭教师。他在邻近地区先后为三个不同的家庭做家庭教师，历时约有七八年。其中最后一家的主人是位伯爵，伯爵夫人擅长绘画。如今人们见到的康德最早的一幅画像，就是出自这位伯爵夫人之手。

1755年，康德以一篇题为《论火》的拉丁文论文在他的母校通过答辩，获得博士学位；随后又提出另外一篇论文，题为《对形而上学基本原理的新解释》，也通过了公开答辩，从而获得在本校私人授课的权利，成为所谓编外讲师。

编外讲师没有薪水，收入全靠学生的听课费。所以，做编外讲师要么就是家里有祖产，要么就得把课讲得特别好，吸引众多的学生前来听课。康德绝无祖产，早就想好一定得把课讲精彩，否则只好乖乖地离开讲坛。说到讲坛（课堂），其实学校也并不提供，编外讲师必须自行解决，一般是在自己家里。康德当时寄宿在一位教授家。教授好心，同意他在家里开课。那天一大早康德就忙起来，又是演练他的开场白，又是拼命梳洗打扮。然而，当他真的站到听众面前开始讲课的时候，他紧张得竟然连一句整话都说不上来。其实，他并不是怕人多，论文答辩时人也不少。他担心的就是自己没有华丽的辞藻和逗人的幽默来吸引听众，生怕学生们不满意。

康德第一次讲课给人的印象是有些不知所云。不过，从第二堂课起就好了。他的口才还是平平，但他思维敏捷，逻辑严谨，学识渊博。学生们都非常钦佩。后来，课讲得多了，康德的口才也越来越精彩，吸引了好多好多的听者。讲课成了他的绝招，十分有名。

为了获得更多收入，康德开设了很多课程，包括数学、自然科学、人类学、逻辑学、形而上学、道德哲学等等，每周要讲二十多个课时，连他自己都抱怨，"整个人都被拴在讲课上了"。不过，他的经济状况确实好了起来，他甚至雇得起人来照料他的生活。

在他开设的课程中，自然地理是非常著名非常吸引人的。这门课以前还从没有人开设过，也就是说，康德是第一个把自然地理作为一门独立课程来讲授的。康德并没有到世界各地旅行过，他是通过大量文献资料来准备讲义的，但他却能把这门课讲得非常生动，因为他有着非同寻常的广博的知识基础。

回母校的梦终于圆

康德不仅在授课方面享有越来越高的声誉，而且还发表了不少有价值的著述，可是，即使如此，想成为一名正式的教授仍不那么容易。早在回到大学之前，康德就发表了两篇关于地球和宇宙的文章，并宣布要出版一本书。一年后，也就是他回到大学的1755年，一本印着"献给腓特烈二世国王"的匿名小册子果真发表了。康德在书中论证了物质的运动，并断言一切天体都产生自旋转的星云团，从而既排除了牛顿的"第一推动力"，也在实质上否认了上帝创造宇宙的神话。康德的那句名言："给我物质，我将用它造出一个宇宙，也就是说，给我物质，我将向你们指出，宇宙是怎样由此而形成的。"就出自这本书。恩格斯后来评论说，它对科学宇宙观的发展具有划时代的意义。

1756年，刚做了一年讲师的康德就申请递补一个空缺的教授职位。为此，他撰写出论文《物理单子论》，再次通过答辩，并获得了蛮高的评价。然而，就在此时却宣布取消补缺制，康德的希望落空了，他还得"拴在讲课上"。从此开始，实现成为教授的夙愿，让他足足等了14年。

就在这一年，欧洲爆发了"七年战争"，许多国家卷入了大战。1757年，俄国人也加入战争，并在第二年占领了哥尼斯堡。哥尼斯堡大学仍旧开课，不少俄国军官来听过康德的课。学校正好有一个教授的空缺，康德提出了申请。这一次他又没有成功，因为在本地当权的俄国人不喜欢他的学说。康德那时属于启蒙学派，而且还颇受法国启蒙思想家的影响，尤其推崇卢梭。他曾经说，牛顿第一个从以前被认为是无章可循的纷繁的自然现象中发现了秩序和规则，而卢梭则在复杂万端的人类中发现了人所共有的天性。康德于是又向俄国女皇呈递了一封申请信。俄国女皇没有回音，而柏林方面却立刻决定一有空缺就任命康德顶上。

1764年，年满40岁的康德已经很有名气，但他仍然只是个编外讲师。当局建议他顶上一个诗学教授的空缺，康德拒绝了。这一年，康德依旧每日不断地站在挤得满满的教室里讲课，同时还发表了几篇文章，其中有一篇题为《对美好和崇高的感情的观察》，它完全不同于康德以往的风格，显得相当幽默、华丽，甚至有些尖刻。他说，夜崇高，昼美好；崇高使我们激动，美好使我们爱慕；崇高的总是宏伟，美好的有时也可能很微小……有人说，对男人侮辱莫过于被说成是骗子，对女人侮辱莫过于被指责不贞节；但康德认为，对男人侮辱莫过于被说成是蠢人，对女人侮辱莫过于被说成长相丑陋。这文章在当时相当轰动，康德一时又被看作是一位颇为时髦的散文作家了。走在大街上，不时有人认出了他，就指着说："你看那个举止文雅的小矮个儿，就是康德！"

1765年，康德申请做了皇家图书馆的副馆长，但他始终没有中断在大学的讲课。于是，人们又经常看到他匆匆穿梭于大学和皇家图书馆之间了。就这样，他一直在哥尼斯堡生活下去，尽管1769年著名的爱尔兰根大学曾聘请他去做教授，随后又有耶拿大学的聘请，他都没有离开自己的故乡和母校。

1770年3月，康德终于实现了在母校成为一名正式教授的夙愿。为此，他仍需提出论文并作答辩。他这次的论文题目是《感觉世界与理知世界的形式和原则》。它在一定程度上预示了康德新哲学——"批判哲学"的问世，其中一个重要的问题是空间的性质。此后，康德沉寂了十年左右时间，直到1781年《纯粹理性批判》、1788年《实践理性批判》、1790年《判断力批判》三部代表性著作陆续发表。

1772年，康德辞去在皇家图书馆的职位，这时他已经是本校哲学系的领导之一。1780年，他成为大学评议委员会委员，后来还当选了两届校长。校长是每年推选一位杰出学者担任的。1786年，他被选为柏林科学院院士。

哲学体系

康德思想的发展，以1770年他提出教授就职论文为界，分为"前批判时期"和"批判时期"。在"前批判时期"，他埋头于自然科学研究，提出了"关于潮汐延缓地球自转的假说"和"关于天体起源的星云假说"。这两大假说从物质自身的运动和发展来解释自然现象，摒弃了神学创世说和自然界永恒不变的观点，因此恩格斯说："康德在这个完全适合于形而上学思维方式的观念上打开了第一个缺口，而且用的是很科学的方法。"

在"批判时期"，康德对他以前的以莱布尼茨为代表的唯理论及以休谟为代表的怀疑主义进行了批判。1781年，康德发表了《纯粹理性批判》这部哲学名著。恰如康德枯燥乏味的生活一样，这本洋洋数十万言的大作非常晦涩难懂。一个读者对康德抱怨说："读你的书十个指头都不够用，因为你写的句子太长了，我用一个手指按住一个从句，十个指头用完了，一句话还没有读完！"但是艰深的语句掩不住思想的光辉，康德哲学真的像他自己所说的那样成了哲学领域内"哥白尼式的革命"。此后他又陆续发表了《实践理性批判》（1788年）和《判断力批判》（1790年）这两部著作。三部著作的相继问世，成为康德批判哲学体系诞生的真正标志。

《纯粹理性批判》要回答的问题是：我们能知道什么？康德的回答是：我们只能知道自然科学让我们认识到的东西，哲学除了能帮助我们澄清使知识成为可能的必要条件，就没有什么更多的用处了，自从柏拉图以来的形而上学问题其实是无解的。

对于康德来说，要想回答我们能知道什么这个问题，就要首先看看认识者和被认识者之间的关系如何。古典哲学中的真理被看成是语言与事物的一致相应，康德问道：这种一致如何才成为可能？事物是具体的和物化的，而语言是抽象的，这两种东西怎么会一致？实际上人的感知提供的只是物体的某些特性，如质量、体积、形状、数量、重量、运动速度等，没有这些特性，我们就无法对物体展开想象。这是物体的主要特性。物体还有其他从属特性，如颜色、声音、味道和温度感觉等，这些从属特性虽然是物体的一部分，但是人们可以进行不同的想象。例如我们可以把一张蓝色的桌子想象成绿色的桌子。这种主要特性和从属特性的区别让人进一步问：外部世界真实状况究竟是什么？因为如果我对物体的某些特性可以进行不同的想象，也就是说这些特性似乎只在我的感知中存在，我怎样才能肯定世界只不过是存在于我的头脑当中？因此，语言与事物的一致（真理）似乎只有在人的头脑中才成为可能。这当然是令人绝望的极端怀疑主义。如果人们不甘于接受这一观点该怎么办？也许一种我们无法认知的外部世界确实存在，那我们又该怎么办？康德以前，哲学家对这一问题的回答就是把这一问题推给上帝：我们的思想与外部世界一致，因为这是上帝愿意这样安排的。但问题是：我们怎么知道上帝让我们看到的事物就是事物的本来面目？康德把这个问题彻底给颠倒了。在此之前，人们让认识向外部事物看齐，而康德说，如果我们颠倒一下，让事物向我们的认识看齐，该会如何？康德把这一思维方法与哥白尼的"日心说"相比较：哥白尼以前，人们认为一切星球围着我们地球转，哥白尼却说，我们地球是在围着其他星球转。

康德带来了哲学上的哥白尼式转变。他说，不是事物在影响人，而是人在影响事物。是我们人在构造现实世界，在认识事物的过程中，人比事物本身更重要。康德甚至认为，我们其实根本不可能认识到事物的真性，我们只能认识事物的表象。康德的著名论断就是：知性为自然立法。他的这一论断与现代量子力学有着共同之处：事物的特性与观察者有关。

在"纯粹理性批判"中，康德研究了人类感知的形式，即空间和时间。存在于时间和空间里的物质被人类的理解力加工为经验，而康德把人类理解力的形式称为"（绝对）范畴"，这些人类理性的形式中包括人们对灵魂、世界和上帝的设想，康德把它们理解为某种制约原则，人们的经验世界就是通过这些原则得以构造。

《纯粹理性批判》研究的人类如何认识外部世界的问题，而康德1788年发表的《实践理性批判》要回答的问题是伦理学的问题：我们应该怎样做？简单化地说，康德告诉我们说：我们要尽我们的义务。但什么叫"尽义务"？为了回答这一问题，康德提出了著名的"（绝对）范畴律令"："要这样做，永远使得你的意志的准则能够同时成为普遍制订法律的原则。"康德认为，人在道德上是自主的，人的行为虽然受客观因果的限制，但是人之所以成为人，就在于人有道德上的自由能力，能超越因果，有能力为自己的行为负责。

《判断力批判》要回答的问题是：我们可以抱有什么希望？康德给出的答案是：如果要真正能做到有道德，我就必须假设有上帝的存在，假设生命结束后并不是一切都结束了。"判断力批判"中，康德关心的问题还有人类精神活动的目的、意义和作用方式，包括人的美学鉴赏能力和幻想能力。

实际上康德力求调和经验主义和理性主义者对于思维与客体的统一，他认为休谟极端的经验主义是必须给予驳斥的。而康德首次把客体与思维的同一归于"主体的能动性"，这不得不说是德国哲学具有里程碑的一步，费希特更是在康德的基础上，把这种能动性发展到了一种极端病态的"唯我论"。由于康德没有认识到矛盾是事物发展的动力，而造成自己体系的二元性，不过在康德这一阶段，主体与客体的同一暂时归于主体的能动性，而德国古典哲学则是在后人的批判和发展康德的哲学慢慢建立起来的，不得不说康德的贡献是伟大的。

1795年出版的《论永久和平》应该是康德为人类贡献的最后一部有深远影响的著作，书中提出了世界公民、世界联邦、不干涉内政的主权国家原则等至今仍有现实意义的构想。

功成名就之后

随着三部代表作以及其他大量著述的发表，康德的影响迅速扩大。20世纪90年代德国各大学已经纷纷开设了专门讲授康德哲学的课程。康德本人的地位也在逐步而迅速地提高，但他一直坚持亲自授课，同时保持着极其规律的个人生活。一般情况下，康德每天都亲自授课两小时。康德授课的场所总是最大的，因为听他课的人总是最多的，而且许多人是千里迢迢专程赶来听他课的。听过他讲课的人都说康德讲课语调缓慢，思路清晰，旁征博引，视野开阔，而同时又能做到"趣事、妙语、幻想随手拈来，恰合需要"。

康德从小身体不好，他能活到八旬高龄全凭一种罕见的毅力。他竟几十年如一日地坚持着一套极其严格的生活规律，而且终身没有结婚。康德每早5点时起床，喝完咖啡和进食少许早餐后备课，然后去讲课。讲课后直到下午1点是工作时间。午餐往往邀几位朋友共进，他们常常并非同行，这样康德就有机会听到形形色色的见解和消息。闲谈可到下午4点，再工作一段时间，然后去散步。这种散步几乎雷打不动，每天都坚持。晚上浏览新书，10点准时睡觉。人们普遍认为正是这种极其严格的作息规律使康德得以高寿，并始终有旺盛的精力从事学术研究。

康德就这样不断地研究和著述，提出一个又一个的新命题，然后又一个个地尝试去解决。以致不少人发现，康德的传记根本不存在什么故事，整个就是一部他那个年代的哲学史。而想要特别简洁明了地讲清康德哲学，那似乎也是完全不可能的。1795年起，康德公开讲课少了，到1797年就完全不讲了。这时他还在努力写作《从自然界的形而上学到物理学的过渡》。1804年2月12日，在写完了一大堆充满智慧的著作后，康德十分平静地去世了，他是怀着"头上的星空和心中的道德律"逝去的。

◎卢　梭

让雅克·卢梭（1712—1778年）是法国著名启蒙思想家、哲学家、教育家、文学家，18世纪法国大革命的思想先驱，启蒙运动最卓越的代表人物之一。他认为一切权利属于人民，政府和官吏是人民委任的，人民有权委任他们，也有权撤换他们，直至消灭奴役压迫人民的统治者。这就是人民主权思想。卢梭与孟德斯鸠、伏尔泰较为接近，思想激进。他的学说对法国资产阶级革命发生重大影响，是革命派精神导师。

卢　梭

在哲学上，卢梭主张感觉是认识的来源，坚持"自然神论"的观点；强调人性本善，信仰高于理性。在社会观上，坚持社会契约论，主张建立资产阶级的"理性王国"；主张自由平等，反对大私有制；提出"天赋人权说",反对专制、暴政。在教育上,他主张教育目的在培养自然人;要求提高儿童在教育中的地位;主张改革教育内容和方法,顺应儿童的本性,让他们的身心自由发展。他的主要著作有《论人类不平等的起源和基础》《社会契约论》《爱弥儿》《忏悔录》等。

革命派精神导师

卢梭生于日内瓦一个钟表匠的家庭。自幼丧母,寄人篱下,14岁时被迫外出谋生,在店铺里当学徒,并曾长期过着衣食无着的流浪生活,他因此广泛地接触了社会现实特别是下层人民,对封建专制社会中的不平和人民的苦难有深切的感受,在心里"种下了反对不幸的人民所遭受的苦难的根苗",这使他后来在自己的论著里对这个时代、社会发出了愤懑的抗议。

卢梭从童年时代起,就阅读了大量的书籍。1733年他寄居在华伦夫人的家里之后,更获得了良好的自学条件,他广泛学习了音乐、数学、天文、历史、地理,系统地钻研了唯物主义哲学,并接受了伏尔泰的影响,成为一个思想进步、学识渊博的人。1741年,他带着自己发明的音乐简谱前往巴黎。他把简谱法呈给法兰西学士院,学士院被保守迂腐的学究所控制,完全否定了他的发明创造。他谋得驻意大利使馆秘书的职务,不久又因与上司不和而丢了饭碗。他回巴黎后,以抄写乐谱为生,同时应狄德罗之约，为《百科全书》撰写音乐方面的稿子。他和狄德罗结成了深厚的友谊。狄德罗因宣传无神论被捕入狱后，他上书要求释放并声称愿意陪同过监狱生活以示抗议。

1749年，在从巴黎到范赛纳监狱去探望狄德罗途中，他看到第戎学院的征文广告，题目是"科学艺术的复兴对改良风俗是否有益"。在狄德罗的鼓励下，卢梭写了论文《论科学与艺术》去应征，在文章里，卢梭对征文的题目作了完全否定的答复。虽然卢梭笼统地对科学与艺术一概加以否定是完全错误的，但他实际上是把批判的矛头指向封建贵族阶级虚伪的文明和轻佻的文艺，认为它们掩盖了社会的罪恶、束缚了人们的精神、妨碍了人类的天性。与此同时，论文热情赞颂了劳动人民的朴实自然，表现了激进的民主主义思想。《论科学与艺术》一文应征中选，使卢梭的名声很快传遍了法国。

1755年，第戎学院又以"人类不平等的起源"为题公开征文，卢梭再一次撰文应征，这就是他最重要的理论著作《论人类不平等的起源和基础》。在这部论著里，卢梭把原始社会当作黄金时代加以描绘，歌颂人类的自然状态，认为进入文明社会以后，就有了"不平等"和"奴役"；他深刻地指出了人类不平等的起源在于私有观念的产生和私有财产的出现，论述了随着不平等而来的则是法律、官吏、国家、政府以及战争；他对封建专制和暴政进行了批判，并且提出了以暴力推翻暴力的主张。卢梭的这部论著以其所提出问题的重大和论述的深刻，在整个欧洲的思想史上占有重要的地位，恩格斯曾经称赞它是"辩证法的杰作"。

卢梭不仅在他的论著里表现了骇世惊俗的激进思想，而且在为人处世上，也表现了对贵族统治阶级的反抗态度。宫廷演出他的歌舞剧《乡村卜师》（1752 年）时邀他出席，他故意不修边幅以示怠慢；国王要亲自"赐给"他年金，他为了"以后敢于讲人格独立、主张公道的话"而不接受；他非常厌恶巴黎上流社会的奢侈腐化，从 1756 年起隐居到巴黎近郊的蒙特莫朗西森林附近，直到 1762 年。这期间他出版了三部重要作品：《新爱洛绮丝》（1761 年）、《社会契约论》（1762 年）和《爱弥儿》（1762 年）。

主要著作

描述人和社会关系的《社会契约论》也许是卢梭最重要的著作，其中开头写道"人是生而自由的，但却无往不在枷锁之中"。这本书于 1762 年出版，当时无人问津，但后来成为了反映西方传统政治思想的最有影响力的著作之一。与他早期作品相反，卢梭认为自然状态是没有法律和道德的兽性状态，好人是因为社会的出现才有的。自然状态下，常有个人能力无法应付的境况，必须通过与其他人的联合才能生存，因而大家都愿意联合起来。人们联合在一起，以一个集体的形式而存在，这就形成了社会。

在这部论著里，卢梭批判了强力可以产生特权、奴役天生合理之类的封建法权观念，认为只有全体社会成员共同的约定即"民约"，"才可以成为人间一切合法权威的基础"，因而，国家只应该是自由的人民所订立的社会契约的产物，也就是全体社会成员民主协商的结果，社会的契约是人们对成员的社会地位的协议。这里，卢梭把"民主"当作人类社会政治生活的基本准则，以此和封建主义的"专制"相对抗，并且提出了建立民主共和的政治理想。这部论著对法国资产阶级革命影响很大，成为后来资产阶级激进派雅各宾党人的政治纲领。其中的"天赋人权、自由平等、主权在民"的思想都写进了法国革命的《人权宣言》中，后来，美国的《独立宣言》也体现了这部著作的精神和理想。

在《论人类不平等的起源和基础》中，卢梭尝试把政府的出现解释为统治者与被统治者的一种契约。人们愿意放弃个人自由并被他人所统治的唯一原因，是他们看到个人的权利、快乐和财产在一个有正规政府的社会比在一个无政府的、人人只顾自己的社会能够得到更好的保护。不过，卢梭又指出原始的契约有着明显的缺陷。社会中最富有和最有权力的人"欺骗"了大众，使不平等成为人类社会一个永恒的特点。他在《社会契约论》中提到，统治者与被统治者的契约应该被重新思考。政府不应该是保护少数人的财富和权利，而是应该着眼于每一个人的权利和平等。不管任何形式的政府，如果它没有对每一个人的权利、自由和平等负责，那它就破坏了作为政治职权根本的社会契约。

《新爱洛绮丝》是卢梭著名的书信体小说。它借用12世纪青年女子爱洛绮丝与她老师阿卜略尔的爱情故事，写18世纪弦国一对青年人朱丽和圣·普乐的恋爱悲剧。圣·普乐是一个平民知识分子，在贵族家担任家庭教师，和他的学生贵族小姐朱丽发生了恋情。朱丽的父亲阶级成见很深，仅仅因为这个青年不是贵族出身，不许朱丽和圣·普乐结婚。圣·普乐被迫离开，朱丽也被迫嫁给一个贵族。圣·普乐与朱丽再度相逢时，双方都很痛苦，最后朱丽重病死去。卢梭对这个恋爱悲剧倾注了全部的同情，把这对青年人的爱情表现得真挚动人、合情合理。但是封建等级制度阻碍这一对青年结合在一起，成了他们不幸的根源。在小说里，卢梭站在资产阶级人道主义的立场上，提出了以真实自然的感情为基础的婚姻理想，批判了以门当户对的阶级偏见为基础的封建婚姻，并通过这个爱情悲剧对封建等级制度发出了强烈的抗议。小说的情节进展缓慢，故事在人物的通信中展开，书信体的形式使作者有可能让主人公大量倾诉自己的感情，对自己在爱情不自由的处境中的种种痛苦作细致地刻画和尽情地渲染，因而整个作品既充满了反封建的激情，又具有一种感伤主义的情调。

《爱弥儿》的副标题是"论教育"。这是一部讨论教育问题的哲理小说。卢梭在这部作品里认为，教育的目的是造就有用的人才、防止人在恶浊的社会环境中变坏，穷人接近自然，没有进行教育的必要，富人的阶级偏见背离自然状态，必须进行教育。卢梭有意把爱弥儿虚构为一个贵族子弟，在他的教育下成长，这意味着他把贵族阶级视为一个必须加以改造的对象。他对爱弥儿的教育，处处针对这个阶级的种种恶习和偏见：他让爱弥儿远离城市住在乡下以避免奢腐风气的影响；他不许爱弥儿读帝王将相的历史以免受其毒害；他反对贵族阶级的矫揉造作，要求爱弥儿养成朴实自然的作风；他针对封建专制的精神奴役，培养爱弥儿崇尚理性、独立思考、决不盲从；他以封建等级观念为对立面，教育爱弥儿具有民主思想、对普通人"富有同情"；他厌弃使人脱离实际、养成寄生习惯的贵族教育，以"自食其力"的劳动者来要求爱弥儿，培养他爱劳动并使他掌握劳动的技能，他还强烈反对贵族阶级和反对教会对儿童进行宗教毒害、煽起宗教狂热、反对用统治阶级的道德礼教去束缚儿童的思想，等等，所有这些都表现了卢梭强烈的反封建的精神和激进的民主主义的思想。

《爱弥儿》出版后，封建政府下令焚烧，并要逮捕作者。卢梭不得不逃往瑞士。瑞士当局同样也下令烧他的书，他又不得不逃到普鲁士的属地莫蒂亚。教会发表文告宣布卢梭是上帝的敌人，他在莫蒂亚无法容身而不得不流亡到圣彼得岛。该岛所属的伯尔尼政府命令他离境，他又被迫到英国去找哲学家休谟。在封建专制政府和反动教会如此残酷的迫害下，卢梭受到莫大的刺激，几乎精神失常。他到英国后不久，由于心情恶劣，与休谟发生了争吵，只好化名回到法国，长期在外省各地辗转避难，直到1770年才重返巴黎。在这漫长的逃亡生活期间，他发表了他多年编成的《音乐辞典》，为了答复反动派对他的污蔑和攻击，他写了《山中来信》（1765年）。这更引起了教会对他的嫉恨。长期以来，卢梭一直被封建统治阶级恶毒咒骂为"疯子""野人"，在悲惨的流亡生活中，他感到有为自己辩护的必要，于是，怀着激动的心情写了自传《忏悔录》，于死后发表。

《忏悔录》（1781—1788年）记载了卢梭从出生到1766年被迫离开圣彼得岛之间五十多年的生活经历。这是一个平民知识分子在封建专制压迫面前维护自己的人权和尊严的作品，是对统治阶级迫害和污蔑的反击。书中，卢梭满怀感情讲述自己"本性善良"，古代历史人物又给了他崇高的思想，但是，社会环境的恶浊、人与人之间不平等的关系也使他受到了沾染和损害。卢梭历数了他儿童时代寄人篱下所受到的粗暴待遇，人世后所受到的虐待，以及他耳闻目睹的种种黑暗与不平。他愤怒地揭露那个社会的"弱肉强食""强权即公理"以及统治阶级的丑恶与腐朽。这部自传名曰"忏悔",实是"控诉"。另一方面,它对那些被侮辱被损害的"卑贱者"倾注了深切的同情。

《忏悔录》是一部写得很坦率的自传,卢梭在该书中自称"我以同样的坦率讲述我的美德与罪过……完全按本来面目把自己表现出来"。他站在人性论的立场,把自己作为"人"的一个标本来进行剖析,对自我进行热烈的赞赏。表现出鲜明的反封建的资产阶级个性。这部自传是卢梭人生观的自白,是他资产阶级人道主义、人性论思想体系的集中体现,是一部个性解放的宣言书。它既表现了反封建的积极意义,也暴露了资产阶级个性的本质。

卢梭的晚年是孤独不幸的。他仍受到封建统治阶级严密的监视。他过着清贫的生活。在完成《忏悔录》之后,他又写了自传的续篇《一个孤独的散步者的梦想》。1778年7月2日,他悲愤的一生结束了。法国资产阶级革命后,他的遗体于1794年以隆重的仪式移葬于巴黎的伟人公墓。卢梭作为文学家具有自己鲜明的特色,他的作品表现了强烈的个性解放的精神。德国浪漫主义诗人歌德说:"卢梭开始了一个新时代。"而在他54岁那年,曾被人讽刺为:"卢梭有一点像哲学家,正如猴子有一点像人类。"

思想观点

在哲学上，卢梭主张感觉是认识的来源，坚持"自然神论"的观点；强调人性本善，信仰高于理性。在社会观上，卢梭坚持社会契约论，主张建立资产阶级的"理性王国"；主张自由平等，反对大私有制及其压迫；提出"天赋人权说"，反对专制、暴政。在教育上，他主张教育目的在培养自然人；反对封建教育戕害、轻视儿童，要求提高儿童在教育中的地位；主张改革教育内容和方法，顺应儿童的本性，让他们的身心自由发展，反映了资产阶级和广大劳动人民从封建专制主义下解放出来的要求。

卢梭是最早攻击私人财产制度的现代作家之一，因此他也被认为是现代社会主义和共产主义（见马克思）的始祖之一。同时，他质疑多数人的意愿是否一定正确。他指出，政府应该排除多数人（见民主）意愿的影响，捍卫自由、平等和公正。

卢梭的政治哲学中最主要的原则是政治不应与道德分离。当一个国家不能以德服人，它就不能正常地发挥本身的功能，也不能建立对个人的权威。第二个重要的原则是自由，捍卫自由是国家建立的目的之一。这也是法国大革命由政治革命而社会革命，再由社会革命而道德革命，规模和程度远超英美的一个渊源。

卢梭提出：在自然状态（动物所处的状态和人类文明及社会出现以前的状态）下，人本质上是好的，是"高贵的野蛮人"。好人被他们的社会经历所折磨和侵蚀。而社会的发展导致了人类不幸的继续。卢梭的《论科学与艺术》强调，艺术与科学的进步并没有给人类带来好处。他认为知识的积累加强了政府的统治而压制了个人的自由。他总结的物质文明的发展事实上破坏了真挚的友谊，取而代之的是嫉妒、畏惧和怀疑。

◎黑格尔

乔治·威廉·弗里德里希·黑格尔（1770—1881 年），德国古典哲学的集大成者，历史上最杰出的哲学家之一。建立了西方哲学史上最庞大的客观唯心主义哲学体系，是人类思想史上的巨大成就，也是马克思主义哲学的主要理论来源之一。

黑格尔把绝对精神看作世界的本原。黑格尔哲学的目的，就是要展示通过自然、社会和思维体现出来的绝对精神，揭示它的发展过程及其规律性，实际上是在探讨思维

黑格尔

与存在的辩证关系。黑格尔客观唯心主义体系主要讲述绝对精神自我发展的三个阶段：逻辑学、自然哲学、精神哲学。黑格尔一生著述颇丰，其代表作品有《精神现象学》《逻辑学》《哲学全书》《法哲学原理》《哲学史

讲演录》《历史哲学》和《美学》等。

痛苦的疾患童年

1770年8月27日，黑格尔出生在德国的斯图加特城，黑格尔家族是在16世纪末迁到这里来的。这座城市位于德国西南部，邻近法国和瑞士，大约始建于公元13世纪。在诸侯割据下的德国，斯图加特城属于符腾堡公国。黑格尔的祖父是位新教牧师，著名诗人席勒诞生的时候就是由他主持洗礼的。黑格尔的父亲叫乔治·路德维希·黑格尔，是符腾堡公国的高级税务官员，母亲玛格达林娜教养很好，具有多方面的才能。

黑格尔是长子，下面有一个弟弟和一个妹妹。从五岁起，黑格尔开始随母亲学习语文。他聪颖好学，进步非常快。父母都对他很满意，弟弟妹妹更对他推崇备至。可是一年后，黑格尔突然患天花，眼睛也看不见东西了，医生说他也许活不成了。爸爸妈妈急得团团转，弟弟妹妹也都哭红了眼睛。

"好不容易学会了识字，可我现在怎么什么也看不见了！妈妈，我不能让你白教我呀！"他还不知道医生已经对自己的病没有把握，他最着急的是不能自学识字，不能让妈妈太伤心。"哥哥，万一你的眼睛以后真的再也看不见东西了，我就当你的眼睛，当一辈子。"妹妹克里斯丁娜难过地说，她也绝不相信她亲爱的哥哥会永远变瞎。

听到妹妹的声音，黑格尔激动起来，攥起小拳头说："你们放心，我闭起眼睛休息几天，一定还能看见的。上帝不会让我眼睛瞎了，否则干吗还让我学会看书呢？"几天后，他的眼睛真的复明了，病也很快好了起来。

1783年，黑格尔13岁的时候，一场新的灾难又降临了。斯图加特城忽然流行胆汁性痢疾和热病，黑格尔一家也都被传染上了，黑格尔的母亲病得最重。黑格尔本人也病得十分厉害，发高烧，扁桃体脓肿，医生再次对他能否康复失去了信心。他迷迷糊糊地躺在床上，一张小嘴不断地嘟囔："妈妈会好的，我会好的，我们大家谁也不会离开谁……"

可怜的黑格尔不知道，母亲的病一直没有好转，不久就离开了人世。过了好多天，黑格尔的病慢慢好了起来。不过，他再也看不到妈妈了。"我就知道上帝不会让我最心爱的人全都离我而去。"老黑格尔事后常常伤心地说，"就凭上帝这份怜悯，就凭这孩子多灾多难而又大难不死的经历，我也得尽心竭力把他培养成最出色的绅士。"

少年"小学究"

1785年，15岁的黑格尔进了斯图加特市市立文科中学。他学习一向用功，各科成绩都很优异。但父亲还是为他聘请了家庭教师，让他在学校课程之外再尽量多学些东西。那些私人老师辅导他学习希腊文、拉丁文、几何学，阅读古希腊悲剧、伊索寓言以及恺撒等人的作品，甚至还读一些希伯来文的《旧约》"诗篇"。

读书始终是黑格尔最大的乐趣。他把零用钱都用来买书，并在家里建了一个他自己的小图书室。书架上一个十分显眼的地方整齐地摆着一套11本德文的莎士比亚剧作集，其中一卷的扉页上写着题词："你现在还读不懂，但不久就会读懂的。"这套书是他当时最敬爱的一位老师送给他的礼物，黑格尔十分珍爱它，将它保护得好好的。

一天，黑格尔偶然发现市里有一座"公爵图书馆"。那儿每星期逢三逢六开放两天。到了第一个开放日，他按时来了。在一个很大的房间里，摆着一张长桌，桌上放着笔、墨水和纸。管理员告诉他，可以把想读的书名写在纸上，管理员会替他很快把书取来。这是他第一次在公共图书馆里读书，读的是巴托写的《美学导论》，他看完了其中关于叙事诗的一章。黑格尔觉得来图书馆读书实在是桩乐事，从此他就常来这里。

黑格尔小小年纪，却喜欢读严肃的书，并且还养成了作摘录的习惯。黑格尔把一些他认为最重要的段落，仔仔细细地抄录在一张张活页纸上，并注明这段话摘自哪位作者的哪本书的第多少页，然后按照语言学、美学、面相学、数学、几何学、心理学、史学、神学和哲学等科目加以分类，再把它们严格地按字母顺序依次排列。所有分类的摘录都放在贴有标签的文件夹里。这样，无论需要哪一条摘录，都可以马上找到手。黑格尔的这种习惯一直保持下来。他的摘录资料逐年积累，越来越丰富，日后伴随他度过了他的全部学术生涯。

黑格尔几乎每天记日记，日记中记载着他的所见所闻、所思所感，有时也记些有趣的小事。1787年1月3日的日记记述了这么个有趣的小笑话：天已入夜，黑格尔和他的小伙伴们借口观察星宿跑到校外去玩。警察来干涉，说孩子们晚上应该在房里好好睡觉，等到白天再出来看星星。

黑格尔少年时正是德国文学"狂飙突进"的年代，但这位未来的伟大哲学家直到中学毕了业都还没有读过那些优秀的当代文艺作品。他花大量时间阅读的不是各种艰深的学术著作，就是不同作者和版本的《世界历史》，再就是古典文学，都是他这个年龄的孩子不太感兴趣的书籍。可见早在中学时代，黑格尔就已经俨然是一位小"学究"了。从斯图加特文科中学毕业时，黑格尔的成绩名列第一。

拥护革命的"老头儿"

符腾堡公国有两所高等学校：斯图加特卡尔学院和图宾根神学院。前者主要培养军官、医生和律师，而后者则是有百年以上历史的传统的神学院，主要培养未来的神职人员，包括教师。中世纪时学校都是由教会来办，教师一般也都是神职人员。图宾根神学院建在前奥古斯丁教团一座修道院的故址上。学生不多，只有两三百人。建筑的式样和格局，学生身上穿的黑袍，每天从早到晚严格的作息规定，违犯院规所受的严厉处罚，这一些都使这里笼罩在肃穆而沉闷的气氛中。城里人管神学生们叫做"黑鬼",从1788年10月起,黑格尔就成了"黑鬼"之一。

像在中学时一样,黑格尔仍然非常用功,课外仍把大量的时间花在读书上。他选修了福音史、旧约诗篇研究、哲学史、形而上学与自然哲学等课程,虽然对课程很不满意,但学习成绩还是非常好。在自修方面,他下功夫尤其多,收获也大。由于他衣着粗疏陈旧,平日只知埋头读书、做笔记,还常常独自陷入沉思,所以一些同学开玩笑,把他叫做"老头儿"。

在他的一本纪念册上,有他的同学为他画的一幅漫画,画中黑格尔驼着背,拄着双拐,旁边写道:"愿上帝保佑这老头儿。"黑格尔虽然喜欢独处,但他并不孤僻。他人很随和,同谁都合得来。吸鼻烟、打扑克、喝酒,同学们暗地干的事他都干。有一次,他在宿舍里喝得烂醉,同学们左遮右挡,好不容易才没让老师发现,躲过了一次严厉的惩罚。"你可真把自个儿的小魂儿都喝丢了,老头儿。再这么喝,你就成了图宾根头号的酒鬼了。"

在同学中,黑格尔最亲近的两个朋友恰恰都是最杰出的。一个是与他同年的荷尔德林,后来成为德国著名诗人;另一个是比他晚两年入学的谢林。谢林入学时年仅16岁,被称为"早熟的天才"。他年纪虽小,却比黑格尔更早在哲学界出名。他们三人能成为好朋友,不光因为学问上情趣相投,还因为有比较一致的政治倾向。

1789年法国爆发了大革命,令同学们激动不已的消息不断传来。7月14日,巴黎群众攻克巴士底狱;8月26日,制宪会议通过"人权宣言"。受到法国大革命影响的图宾根青年建立了自己的政治俱乐部。他们在那儿交流有关法国事态的新闻，传阅法国报纸、书刊，谈论德国的命运，以及青年的使命。黑格尔和他的朋友们都是俱乐部的积极分子。他们的演说很受欢迎。谢林还把《马赛曲》译成了德文，并因此而远近闻名。

一个晴朗的星期天早晨，拥护大革命的青年们来到市郊，学着法国人的做法，在和煦的阳光下种了一棵"自由树"。面对自由树，黑格尔、谢林以及他们所有在场的朋友们，一手抚胸，一手指天，说出了他们的誓言和祝福。面对自由树，他们放开歌喉，用德语高唱《马赛曲》。"反对暴君！""打倒坏蛋！""打倒妄想绝对统治心灵的暴政！""自由万岁！"在自由树前，黑格尔喊出了他早已工工整整写在纪念册中的革命口号。

在那些日子里，黑格尔心潮澎湃。他在纪念册上摘录了卢梭的一句强有力的话，用以表达自己的看法："如果天使有个政府，那么这个政府也会实行民主管理的。"不远的罗登堡，驻扎着法国保皇派的一个军团。从法国逃出来的旧贵族、旧军官、税吏、高级教士、恶霸等等也都投奔那里。图宾根的青年学生成了这些坏蛋的对头，随便找个机会和借口就同他们决斗，或者干脆群起而攻把他们臭揍一顿。弄得坏蛋们轻易不敢在图宾根露面。

一天，有人报告说街上来了个法国人。俱乐部里的青年们摩拳擦掌跑上街头。只见那人衣衫褴褛，步履蹒跚，血痕满面，跌跌撞撞地好像随时都可能倒下去。上前一问，原来他是被坏蛋们抓到罗登堡来的法国革命党人，竟奇迹般地逃了出来。"坏蛋们正追杀我，我实在跑不动了。能帮帮忙吗？否则我只有等死了"法国人喘着粗气，向围在身边的德国青年们投来求援的目光。

学生们激动极了。当然得帮忙。面对这个一身血污、遍体鳞伤的法国人，他们仿佛亲身感受到了革命战争的艰苦和悲壮。"首先是得赶快把他藏起来。而且，要藏安全些，不能让当局察觉。""但他不能长住，那太危险了。""得想办法把他送回法国。这件事，我们要负责到底。""同意。另外还得给他凑一笔钱，否则离开我们以后他怎么办呢？"同学们一边七手八脚地搀扶伤员转移，一边激动地讨论着。

　　事情挺顺利。一切都是按计划进行的。伤员被严密地藏匿起来，同学们募集了一些钱，然后护送他出了边界。但俱乐部中出了奸细，把青年们的活动报告了当局，当局进行了调查。俱乐部被迫解散了。谢林也受到了审讯，因为他是那首"强盗歌"的译者。幸而当局没有找到什么切实的证据来惩办谁。

　　1793年秋，黑格尔从图宾根神学院毕业，成绩名列第四，文凭上写着学院的评语："健康状况不佳，中等身材，不善辞令，沉默寡言，天赋高，判断力健全，记忆力强，文字通顺，作风正派，神学有成绩，虽然尝试讲道不无热情，但看来不是一名优秀的传教士，语言知识丰富，哲学上十分努力。"从图宾根神学院毕业以后，黑格尔没有选择牧师职业，而是去瑞士伯尔尼一个贵族家里做了家庭教师。虽然贵族家有三个孩子，却没有花费黑格尔太多的时间和精力。教书之余，他阅读大量书籍，研究历史和哲学问题，并密切关注法国事态的发展，关心德国及全欧洲的命运和前途。他将基督教与古希腊文明做了比较，称赞古希腊文明，而否定基督教。他还写了一本《耶稣传》，否定关于耶稣诞生与复活的神话，而把耶稣写成一位道德教师。

1797年,黑格尔回国在莱茵河畔法兰克福继续做家庭教师。1799年父亲去世,黑格尔得到3154盾(货币单位)的遗产。1801年,黑格尔应谢林之约去耶拿谋求大学教席。在耶拿大学,黑格尔讲授"实在哲学""耶拿逻辑学""形而上学""自然哲学""哲学史""数学"等课程。听他课的学生数目不多,起初只11人,后来也从未超过30人。但他们都成了他的忠实追随者,都十分崇拜这位老师的思辨智慧。他不修边幅,而且经常陷入长时间的沉思冥想,什么事儿也搅扰不了他。结果学校里有人送了他一个外号"木头人"。

战火中的巨著

出版商科塔计划要办一份新杂志,希望谢林联合费希特等著名学者来负责编辑工作。然而,谢林却选择了黑格尔。《哲学评论杂志》出版了六期,谢林和黑格尔不仅是它的编辑,而且还共同撰写了它所发表的全部稿件。黑格尔早期所写的许多哲学评介文章都发表在这本刊物上。那时谢林已经是很著名的哲学家。黑格尔观点虽与他有所区别,但基本上还只是他的追随者。《哲学评论杂志》停刊后,黑格尔潜心撰写《精神现象学》。这部著作被称为"黑格尔哲学的策源地"。随着它的问世,黑格尔在学术上才摆脱谢林而独立。1805年和1806年是黑格尔《精神现象学》诞生的年份。恰在这个时候，拿破仑大军踏上了德意志的土地。1806年2月，班堡的出版商开始排印尚未完稿的黑格尔著作。但不久班堡就成了拿破仑的占领区。普鲁士与法国的战争一触即发。出版《精神现象学》的速度迟缓下来。10月8日，黑格尔寄出了一大包手稿；9日，战争就爆发了。但黑格尔第二天还是又寄出了另一部分稿件。这样，就只差最后几页了。耶拿战役在如火如荼地进行。黑格尔在隆隆的炮声中仍坚持赶写他的最后几页著作。

10月13日清晨，法军先头部队进入耶拿城。战争是残酷的，刚刚被攻克的城市里各种各样的事情随时都在发生。一群满身尘土的士兵闯进了正埋头著书的哲学家的住所。"秀才遇上兵，有理说不清"。后来黑格尔在一位朋友家里，就着壁炉里闪烁摇曳的火光，写完了《精神现象学》的最后几页。1807年3月，这部战火中诞生的哲学巨著终于在班堡出版发行。

1818年10月，黑格尔在教育大臣的建议下改任柏林大学教授。随着他的大量著作的出版和庞大哲学体系的完成，人们对他日益尊崇，他的地位和影响也日益提高。1830年，他被选为柏林大学校长。1831年卸任时获得红鹰勋章。可是，就在这一年的夏天，柏林忽然流行起了霍乱，而且非常严重，人们被迫纷纷举家外逃。霍乱过去，回到柏林后，黑格尔便忙于修订《逻辑学》。11月7日写完了修订版前言。13日，他竟溘然长逝。

黑格尔的哲学体系

黑格尔哲学体系是客观唯心主义，把整个世界看成是绝对观念的表现和发展。他的"绝对观念"实际上就是上帝的别称。1817年发表的《哲学全书纲要》是对其全部哲学体系的阐述。全书分为"逻辑哲学""自然哲学""精神哲学"三部分。在"逻辑哲学"中以唯心主义方式，把质量互变、对立统一、否定之否定作为思维的规律加以阐明。这些辩证思想是黑格尔哲学的精粹。"自然哲学"提出了关于物质和运动的统一、事物的可变性和可转化性等合理思想。他在"精神哲学"中提出了关于社会政治、伦理和历史的唯心主义理论。

他第一次把自然的、历史的和精神的世界看成是处于不断运动、变化和发展的过程，并企图揭示运动和发展的内在联系。这是黑格尔的巨大功绩。马克思和恩格斯批判地吸取了黑格尔辩证法的"合理内核"，创立了唯物辩证法，他的著作以抽象晦涩闻名于世。

◎费尔巴哈

路德维希·安德累斯·费尔巴哈（1804—1872年），19世纪德国杰出的唯物主义哲学家和无神论者。

费尔巴哈批判了康德的不可知论和黑格尔的唯心主义，恢复了唯物主义的权威；肯定自然离开人的意识而独立存在，时间、空间是物质的存在形式，人能够认识客观世界。但他的唯物主义是形而上学的，社会历史观是唯心主义的。他的学说与黑格尔的辩证法一起，构成马克思主义哲学的直接理论来源。他的学说被称为人本学唯物主义，是马克思以前的旧唯物主义的最高形态。

费尔巴哈在否定了过去的宗教之后，他试图建立一种无神的宗教来宣扬超阶级的爱。马克思和恩格斯批判地吸取了费尔巴哈哲学的"基本内核"，建立了辩证唯物主义。著有《黑格尔哲学批判》《基督教的本质》

费尔巴哈

《未来哲学原理》等。黑格尔逝世后，此学派形成了保守的右翼派老年黑格尔派，鼓吹政教统一；激进的左翼派即青年黑格尔派，主张政治与宗教分离。

人才辈出的家庭

1804年7月28日生于巴伐利亚，卒于1872年4月13日。早年入海德堡大学神学系，后转入柏林大学学习哲学，1826年转入埃尔兰根大学学习植物学、解剖学和心理学。

1801年，法学家保尔·费尔巴哈年仅26岁就写出权威性著作《德国通用刑法教程》。以后他在几所大学教书。1804年年初，他带着妻子威廉明妮和三个儿子，由最北边的基尔一下子来到了南方的巴伐利亚。过了多瑙河，又来到伊扎尔河畔。这儿的兰次胡特是一座可爱的小城。7月28日，他的第四个儿子出生了，取名路德维希。这孩子后来终于成为哲学王国里的一代巨擘，他正是我们这故事要讲的费尔巴哈。

父亲保尔确实没再离开巴伐利亚，但他在1806年举家迁至首府慕尼黑。他成为巴伐利亚的司法部长，制订了著名的《巴伐利亚王国刑法典》，这部法典曾与拿破仑的《刑法典》一起成为欧洲许多国家的刑法范本。后来他又担任过政府枢密顾问，地方上诉法院副院长、院长，并受聘为俄国法律委员会通讯委员。巴伐利亚王室封他为贵族,他的名字便改写为保尔·冯·费尔巴哈。

保尔夫妇的婚姻并不美满,他们曾于1817至1822年间一度离异,但他们却未因此而耽误对子女的教育,孩子们一个个都很出众。大哥约瑟夫后来在弗赖堡大学担任文献学教授,是一位优秀的考古学家和艺术评论家;二哥卡尔是埃尔兰根大学数学教授,以"费尔巴哈轨迹"使费氏家族在数学领域占有一席之地;三哥爱德华继承父业,成为一名杰出的法学家,曾执教于慕尼黑和埃尔兰根大学。

费尔巴哈后来又有了一个弟弟,叫弗里德里希。他们不仅小时候就特别玩得来,长大以后在学术观点上也很一致。弗里德里希是东方学和语言学学者,但他写了《未来宗教》和《是人还是基督》来支持和宣传四哥的观点。费尔巴哈一家精英,他们不仅向他们的祖国奉献出一个又一个的杰出学者,而且还有艺术家。大哥约瑟夫的儿子安塞尔漠·费尔巴哈是19世纪德国有名的画家。

费尔巴哈一家在慕尼黑住了八年。这期间,他们目睹了拿破仑的铁扫帚对德国封建主义的涤荡。父亲保尔是从德国司法制度中革除刑讯的人,他的思想中具有资产阶级民主的成分,所以当1814年拿破仑失败、封建主义大复辟的时候,他竟写了《争取德国自由和邦议员代表德国人民》的反封建文章。国王大为恼怒,立即将他贬斥,发落到班贝格,去当一个地方法院的副院长。

费尔巴哈在慕尼黑读初小,随父到班贝格上高小,1816年毕业。学校的评语说他在同学中"以品质诚实、爱整洁、守纪律、寡言和温文尔雅的举止，以及操行优良、勤奋好学而超群出众"。可见，他是一个优秀的小学生。

1817年，父亲调任安斯巴哈上诉法院院长，费尔巴哈随之来到安斯巴哈，入当地文科中学。他在这所学校一直学习了六年，直到中学毕业。学校里的一位宗教课老师对他影响很大，使他对神学和《圣经》产生了极大兴趣。那时正值父母离异，他见不到母亲，不能像一般孩子那样正常地获得母爱。面对这种家庭的不幸，他所能做的只有一头扎进书堆，发愤读书。

1822年，父母复婚，费尔巴哈也中学毕业了。他写了一篇分析圣经语言的毕业论文，颇得校方赞赏，毕业评语说："他勤奋刻苦地诵读圣经，因而在圣经语言方面具有熟练技能，这方面他可以同许多学者媲美。"

1823年春，费尔巴哈成为老名牌大学海德堡大学神学系学生。他原本执迷于神学，一心想成为一名神学家。但这所大学的授课使他很不满足。那些课繁琐浅薄，尽是陈腐说教，听来令人兴致索然，味同嚼蜡。教师中有黑格尔的朋友道布令费尔巴哈钦佩。费尔巴哈认为他"才华横溢、敏锐过人"，是"最善于思索的人"。而道布则对黑格尔推崇备至，黑格尔在柏林大学。于是，费尔巴哈决定离开这所让他"看透了盲从的、狭隘的、愚昧的天主教教义的空虚"的海德堡大学而转往柏林大学求学。

1824年4月18日，他果真来到了柏林。然而，当局忽然得到密报，说费尔巴哈的二哥是"秘密组织成员"，已经入狱。这一下，麻烦可就来了，他的证件被没收，行踪受监视。过了一个月，等二哥的案子澄清后，当局才批准费尔巴哈转学。但学校又节外生枝，不肯放手，直拖到7月28

日才给费尔巴哈办好了转学手续。

在转学手续尚未正式办理之前,费尔巴哈就已在柏林大学听课了。他感觉在这里听课四星期比在原来的大学里听四个月的收获还大。在哲学系旁听黑格尔的逻辑学、形而上学和宗教哲学,短短几周,费尔巴哈就对这位老师佩服得五体投地。他决心要从神学系转到哲学系,哲学才是他应当献身的领域。他甚至称黑格尔是他第二个父亲,柏林是他的精神祖国。这样,他就在1825年4月正式告别了神学。黑格尔是青年费尔巴哈走进哲学王国的引路人。

黑格尔开的所有课程,除了美学以外,费尔巴哈全都听了,逻辑学甚至还听了两遍。可是,正当他奋力学习的时候,王室却撤销了他的奖学金,迫使他再次转学,转到费用较低的埃尔兰根大学。

1828年,费尔巴哈在埃尔兰根大学完成了按照黑格尔精神写的论文《论统一的普遍的和无限的理性》,6月通过答辩,7月获得了博士学位。毕业后、费尔巴哈留在埃尔兰根大学,担任讲师,讲授哲学史、逻辑学和形而上学。

一本书的风波

1830年纽伦堡出现了一本未署真名的书,书名为《论死与不死》。书

中泛神论思想和否定个人灵魂不死的观点遭到正统基督教神学家的严重非难，书被普鲁士当局悉数没收。不久，社会上就流传这本书的作者是自称黑格尔哲学信徒的埃尔兰根大学讲师费尔巴哈。费尔巴哈受到父亲和社会舆论的严厉谴责，并被大学辞退。

那是1832年春天的事。那时，他已经在大学教书三年，学生反映很好，但他还没有获得教授的职位。只有成为教授他才能有一份可靠的固定收入。所以，他原本正在努力争取教授职位。父亲说，《论死与不死》的极端论点会使他终生得不到公职。费尔巴哈虽然被埃尔兰根大学辞退了，但他并没有放弃在大学中谋求教授职位的努力。

为了证明自己能胜任教授职务，他把在埃尔兰根大学的讲稿加工整理，写成了三部近代哲学史著作。其中的第一部出版于1833年，题为《从培根到斯宾诺莎的近代哲学史》。这部书的出版使他获得很高声誉。柏林《科学评论年鉴》主编为此给他来信，殷切希望他能成为该刊的撰稿人。连普鲁士文教大臣阿尔腾斯泰因也亲自写信来，说他"以强烈的兴趣"阅读了这部书，并从中获得了"丰富的知识"。费尔巴哈受到鼓舞，不断在好几处地方奔走，谋求教授职位。

1836年，他作了最后一次努力，向母校埃尔兰根大学提出申请。校方说，聘任的唯一阻碍是传说他是1830年那本书的作者，建议他"澄清"。费尔巴哈忠于自己的信念，没有那么做。这时，他终于明白自己与大学讲坛再无缘分。他内心痛楚，却并未颓废。1837年，他退出了大学教师协会。同年，他出版了近代哲学史的第二部《对莱布尼茨哲学的叙述、分析和批判》；次年，他又出版了第三部《比埃尔·培尔》。对他来说，确实已同大学绝缘,但并未与学术绝缘;丧失公职也是一种解放,他从此可以自由地发展自己的个性和思想。对老师黑格尔学说中的致命弱点,他早就有所察觉。还在柏林大学上学的时候,他就曾在写给父亲的信中表达了对大自然和人的深切关注。他总怀疑,精神怎么可能先于物质而存在?观念怎么可能先于大自然而存在?或者说,大自然怎么可能由某种观念创造出来?

幸福的乡间生活

1837年在费尔巴哈一生中是个重要的年份。这年他不仅出版了近代哲学史的第二部,退出了大学教师协会,而且还结了婚,并同新婚妻子一起迁居到乡下,一住就是二十几年,几乎从不外出。妻子叫贝尔塔,她的父亲列夫先生在离安斯巴哈不远的布鲁克贝格村跟别人合开了一家瓷器厂,而且担任该厂经理。贝尔塔小时候在安斯巴哈女子学校读书。1822年父亲病故,母亲多病还带着一个年幼的孩子,贝尔塔只好回到村里,参与瓷器厂的经营管理。

布鲁克贝格虽然偏僻,但景色宜人,曾是一个贵族狩猎地。1833年,费尔巴哈游历至此,经人介绍结识了贝尔塔。次年,他们再次会面并开始频繁通信。友谊发展成爱情,爱情发展到结为伉俪。费尔巴哈的种种不如意，都得到贝尔塔温情的抚慰。感情笃厚使他们寸步不离。费尔巴哈自身没有固定收入，且厌倦都市的嘈杂，便随妻子去布鲁克贝格村定居下来。乡村生活使他更贴近大自然，家庭和睦使他的才智得到更好地发挥。

婚前他已答应给青年黑格尔派的《哈雷年鉴》撰稿。定居下来不久，费尔巴哈便给这家刊物寄去了《经验主义批判》《实证哲学批判》《论哲学与基督教》等一系列文稿。这些论文的发表在社会上引起了不小反响。1839年，他又发表《黑格尔哲学批判》。这篇论文不啻是一个宣言，宣告了他世界观的根本转变，表明了他与黑格尔唯心主义的彻底决裂。他指出，不是观念决定具体现实，而是具体现实决定观念；哲学就是关于真实的、整个的现实世界的科学；现实的总和就是大自然；最深奥的秘密就蕴藏在最简单的自然物里；只有见到大自然，才是幸福的源泉。

这时，费尔巴哈思考很多的是哲学与宗教的关系，在那一系列文章以及1839年发表在《艺文杂志》上的《论奇迹》中，他指出哲学与宗教是有根本区别的，想把两者调和起来的结果是使两者都遭到损害。而且，他认为，企图超越自然界和人的哲学是浮夸的，而宗教的哲学思辨则只是一些谎言。他探讨理性问题，在他过去的老师黑格尔那里，理性是独立存在的精神实体，它发展到最高阶段是一种绝对精神。而费尔巴哈指出：理性是附属于人的，理性的主体是人，如果没有作为有血有肉的感性的人的存在，哪儿来的理性？所以，"哲学上最高的东西是人的本质"，这正是他的人本学的主要原则。

在多年的深入研究之后，1841年6月，费尔巴哈发表了他最著名的代表作《基督教的本质》。在这本使他名垂史册的著作中，他阐发了一个震撼世界的基本观点："宗教的特别是基督教的客观本质，只不过是人的特别是基督徒的情感的本质。"就是说，人是宗教的基础，"人使自己的本质对象化"，并使它成为主体，而又使自己成为它的客体，"这就是宗教的秘密"。那么人呢？人的存在归功于大自然，而人之所以能够成为人则要归功于人类自身。总之，不是上帝创造了人，而是人因自己的情感，按照自己的形象创造了上帝。

唯心主义已经禁锢德国哲学好多个世纪，如今在费尔巴哈面前一下子坍塌下来。恩格斯说："《基督教的本质》这部书的解放作用，只有亲身体验过的人才能想象得到。那时大家都很兴奋：我们一时都成为费尔巴哈派了"。

孤寂清贫度晚年

回布鲁克贝格村后，费尔巴哈同外界不大联络，也就是与少数朋友保持着通信往来，再就是寄出一些稿件。1858年后，寄稿也很少了。他颓废了吧？不，他一直恪守着"学到老"的座右铭。不过，他对社会的态度确实不再如过去那样积极。令他心灰的是，1851年出版《宗教本质讲演录》后，花了6年心血著出的《神谱》，在社会上没有引起多少反响。朋友们也对它贬多褒少。其实这部书与《基督教的本质》"是同一主题的不同变形"。它的基本思想是，每一个神都代表人类的一种愿望。他未想到是，正由于它只不过是一种变形而且时代已经进步，人们不再对宗教问题像过去那么关注，它才没有引起积极反应。更让他不舒服的是，1858年他有两篇文章在汉堡的《世纪》上发表，但这家杂志不久便被查封了。

后来，妻子的工厂也倒闭了。一家人只好离开他们心爱的家园。1860年，他们迁到离纽伦堡不远的莱欣贝格村，租所房子住下来。生活十分艰难，费尔巴哈连买书的钱都没了，而他把这看得比吃饭都重要。

年满60岁后，费尔巴哈在女儿的陪同下重游了他40年前的"精神祖国"柏林，真是感慨万端。但他从这感慨中又振作起精神，回到家便投入了《论唯灵主义和唯物主义》的写作。马克思的《资本论》第一卷出版后，他立即发现它是一部"光辉的著作"，赶紧制订了对它进行认真研究的计划。

1870年夏，他突然中风。社会民主党的报纸很快以《勇敢思想家的厄运》的大字标题刊出消息，并呼吁社会各界援助这位贫病交迫的老人。消息像长了翅膀一样飞速传递，一时间，德国、比利时、奥地利、英国和大洋彼岸的美国都不断寄来慰问信和捐赠。病情一度好转，费尔巴哈就加入了德国社会民主党。

但1872年初，病情又恶化了。他夫人写道："我丈夫……垂危之际是很悲惨的，他由于神经系统完全错乱而不能做任何事。"他甚至也不能说话。1872年9月13日，这位勇敢而杰出的思想家与世长辞了。

两天后是星期日，纽伦堡数千工人擎红旗为他送葬。人们来到约翰公墓，举行安葬仪式，马克思等人送了花圈。微风中，人们垂首肃立，聆听墓前演说："费尔巴哈揭穿了牧师的谎言，摧毁了虚伪与欺诈的大厦，又于废墟上建立起真理和自由的殿堂"。

◎孟德斯鸠

查理·路易·孟德斯鸠（1689—1755年），法国伟大的启蒙思想家、法学家。不仅是18世纪法国启蒙时代的著名思想家，也是近代欧洲较早系统研究古代东方社会与法律文化的学者。

孟德斯鸠

生平简介

1689年1月18日，孟德斯鸠在法国波尔多附近的拉布雷特庄园诞生。他自幼受过良好教育，19岁时获法学学士学位，出任律师。1716年继承了波尔多法院院长职务，并获男爵封号。孟德斯鸠对法学、史学、哲学都有很深的造诣，提出了"地理环境决定论"，认为气候对一个民族的性格、感情、道德、风俗等会产生巨大影响，认为土壤同居民性格之间，尤其同民族的政治制度之间有非常密切的联系，认为国家疆域的大小同国家政治制度有极密切的联系。

1721年，孟德斯鸠化名"波尔·马多"发表名著《波斯人信札》，通过两个波斯人漫游法国的故事，揭露和抨击了封建社会的罪恶，用讽刺的笔调，勾画出法国上流社会中形形色色人物的嘴脸，如荒淫无耻的教士、夸夸其谈的沙龙绅士、傲慢无知的名门权贵、在政治舞台上穿针引线的荡妇等。1726年，他出卖了世袭的波尔多法院院长职务，迁居巴黎，专心于写作和研究。1734年发表《罗马盛衰原因论》，利用古罗马的历史资料来阐明自己的政治主张。

1748年，他最重要的著作《论法的精神》发表。这是一部综合性的政治学著作。他最重要的贡献是对资产阶级的国家和法的学说作出了卓越贡献，他在洛克分权思想的基础上明确提出了"三权分立"学说；他特别强调法的功能，他认为法律是理性的体现；法又分为自然法和人为法两类，自然法是人类社会建立以前就存在的规律，人为法又有政治法和民法等。孟德斯鸠提倡资产阶级的自由和平等，同时强调自由的实现要受法律的制约。《论法的精神》奠定了近代西方政治与法律理论发展的基础。1755年，孟德斯鸠去世。

西方政治学大师

孟德斯鸠本名夏尔·德·瑟贡达，是法国 18 世纪著名的启蒙思想家，他比伏尔泰、狄德罗、卢梭更早登上了历史舞台，是启蒙运动中资产阶级温和派的思想代表。孟德斯鸠生于波尔多附近的拉伯烈德庄园，中学毕业后专修法律，担任过渡尔多法院的顾问。1716 年，他继承伯父的波尔多法院院长职务，并承袭其"孟德斯鸠男爵"的称号。在任院长期间，他是一个循规蹈矩的法官，同时从事自然科学的研究。1721 年，他出版了《波斯人信札》，在当时引起了巨大的轰动。1726 年，他卖掉波尔多法院院长的职务。1728 年，被选为法兰西学士院院士，获得了当时文人最高的荣誉。

1728 至 1731 年，他周游奥、匈、意、德、荷、英等国，特别在英国考察了君主立宪政体，形成了他君主立宪的政治理想。回国后，他闭门著书，1734 年发表《罗马盛衰原因论》，1748 年发表他数十年研究的成果、重要的理论名著《论法的精神》。此后，直到去世，除了两三篇短文外，他没有写过其他的作品。

孟德斯鸠出生于"穿袍贵族"世家，也就是取得了贵族称号的资产阶级。他的高祖就是在波旁王朝的第一个国王亨利第四时代发迹的。他很富裕，自己经营商业，在领地上种的葡萄酿造成酒大部分运销英国。他一生过着安适的日子，出身和阶级地位决定了他世界观的保守，他的思想明显表现了与封建贵族阶级的妥协的倾向。加之，他活动的年代距法国资产阶级革命还有半个世纪，这种历史条件也使他在启蒙运动中只是一个先行者。他在自己论著中提出的问题，带有浓厚的改良主义色彩。

重要著作

孟德斯鸠唯一的一部文学作品是书信体小说《波斯人信札》。主人公郁斯贝克是一个波斯的开明贵族，在旅游法国期间，不断与朋友通讯，报道他在巴黎种种见闻，讨论政治、经济、宗教等社会问题，小说就是由这些书信组成的。小说虽然没有统一的故事情节，也谈不上有人物性格的刻画，但是却通过一个异国人的报道和议论，反映了法国18世纪初叶贵族阶级社会生活的各个方面，特别是绝对君主制从路易十四时代的盛极一时到路易十五时期的迅速没落以至面临崩溃的过程。其中一些政治经济细节的描写，充分地表现出资产阶级革命前几十年法国封建社会不可收拾的颓败与混乱，有助于了解当时"山雨欲来风满楼"的形势，具有可贵的认识价值。

在这部小说里，孟德斯鸠采取了鲜明的批判的态度，他揭露统治阶级卖官鬻爵，裙带成风，官场一片腐朽；贵族整天耽于奢侈享乐、喜庆欢宴，上流社会全是荡妇淫娃。他还讽刺了教会的虚伪，宗教生活的黑暗以及文化界的繁琐哲学、浮夸学风。总之，封建社会的种种黑暗现象都遭到了他的清算。就时间来说，《波斯人信札》是18世纪启蒙运动中最早出现的一部重要作品，在这里，孟德斯鸠感时代之征候，发启蒙思想的先声，对当时一些重大的社会政治问题，都提出了与封建意识形态对立的思想。他对封建专制政权下的贫富悬殊表示了不满，对路易十四连年的对外侵略进行了批评，他反对宗教迫害和教派纷争，提倡信仰自由，他指责修道院制度，长子继承权，主张个性自由和社会平等。《波斯人信札》中这些思想虽然没有构成系统，但批判的矛头指向了当时的封建分配制度、法权观念以及统治阶级的内外政策，在当时意识形态领域里，适应了资本主义发展的要求。因此，《波斯人信札》的出版，在当时发生了广泛的社会影响，也遭到了教会的反对。

这部作品也有严重的局限性，在宗教问题上，它是有神论；在政治问题上，它并不从根本上否定君主专制制度，而是承认君主政体的合理合法，它指责专制君主统治下不合理的现实时，态度是进谏式的，往往是陈言利害，规劝君主采取开明的措施，寄希望于当时现实生活中不可能出现的开明君主政治；在人类未来的问题上，他虽然通过穴居人的寓言故事描绘了自己理想社会的图景，但这个理想图景只是封建宗法制与资产阶级人道主义奇特的混合物，是一种历史唯心主义的幻想。所有这些，充分表现出孟德斯鸠反封建的不彻底，这正是他作为一个拥有土地的上层资产者、其收入由地租和利润构成的阶级地位所必然决定的。

孟德斯鸠另一部重要著作是《论法的精神》。这是一部体系完整的理论著作，是西方政治思想发展史上的古典名著。在这里，孟德斯鸠阐述了一整套为资本主义在法国的发展开辟道路、为资产阶级登上历史舞台服务的政法理论，如法律性质的"理性"论、政体分类论、国家结构的三权分立说以及地理环境决定论等，其中以三权分立说最为重要。这种学说主张把立法、司法、行政彼此分开，互相约束制衡，它对后来美国的《独立宣言》和法国1789年的《人权宣言》都有影响，并且实际上成为了资产阶级国家政权组织形式的一种模式。

孟德斯鸠名言录

自由就是做法律所许可的一切事情的权力。

造化既然在人间造成不同程度的强弱，那么即用破釜沉舟的斗争，使弱者不亚于强者。

有益于身而有害于家的事情，我不干；有益于家而有害于国的事情，我不干。

美必须干干净净、清清白白，在形象上如此，在内心中更是如此。

让我们把缺德作为刑罚中最重的部分吧！

礼貌使有礼貌的人喜悦，也使那些授人以礼貌相待的人们喜悦。

我所谓共和国里的美德，是指爱祖国，也就是爱平等而言。这并不是一种道德上的美德，也不是一种基督教的美德，而是政治上的美德。

在一个人民的国家中还要有一种推动的枢纽，这就是美德。

奢侈总是跟随着淫乱，淫乱总是跟随着奢侈。

谦虚是不可缺少的品德。美德本身也需要限制。

啊！夸奖的话，出于自己口中，那是多么乏味！

母爱是世间最伟大的力量。

衡量真正的品德，是看他在知道没有人发觉的时候做些什么。

一切不被不受约束的权力，必将导致腐败。

言语并不构成罪体，它们仅仅栖息在思想里，有时候沉默不言比一切语言表示的意义还更多。所以无论什么地方如果制定了言语是罪体这么一条法律，那么，不但不再有自由民主可言，甚至连自由民主的影子也看不见了！

◎圣西门

圣西门（1760—1825年），法国哲学家、经济学家、空想社会主义者。1760年10月17日生于巴黎一贵族家庭。早年受启蒙运动影响，曾参加北美人民反对英国殖民统治的独立战争。1803年发表《一个日内瓦居民给当代人的信》，主张应由科学家代替牧师的社会地位。圣西门拥护法国大革命，主动放弃伯爵爵位。为研究和宣传社会主义学说，倾注了毕生精力。1825年5月19日圣西门逝世于巴黎。

圣西门

圣西门常把人类历史的发展看作先验的人类理性的发展，但又认为社会变革是从低级到高级发展的。现存制度只是从封建制度转向理想制度的一个过渡阶段。承认历史的发展是有规律的，每一次新旧社会制度更替都是历史的进步。认为法国革命不仅是贵族和市民等级之间的斗争，而且是贵族、市民等级和无产者之间的斗争。预言旧的社会制度必将为理想的实业制度所代替。

圣西门设想的理想制度是一种"实业制度"。在实业制度下，由实业者和学者掌握社会政治、经济、文化各方面的权力；社会的唯一目的应当是尽善尽美地运用科学、艺术和手工业的知识来满足人们的需要，特别是满足人数最多的最贫穷阶级的物质生活和精神生活的需要；人人都要劳动，经济按计划发展，个人收入应同他的才能和贡献成正比；不承认任何特权；在理想社会中，政治将为经济所包容，对人的统治将变成对物的管理和对生产过程的领导。由于历史的局限性，圣西门寄希望于统治阶级的理性和善心，幻想国王和资产者会帮助无产阶级建立实业制度，这就使得他的社会主义学说不能不流于空想。

"社会思想家"圣西门

圣西门，法国空想社会主义者。他出生于巴黎的贵族家庭。青年时代曾参加美国的独立战争，1789年7月14日，法国爆发了资产阶级革命，他积极支持革命。但革命后建立起来的资本主义制度，仅有利于富人，广大无产者和劳动人民仍然困难重重。他认为社会发展是有规律的，人类的黄金时代不在过去而在将来；每个时代的知识水平决定于政治制度；奴隶制、神学封建制和目前的过渡时代都是暂时，最后要由最合理的实业制度所代替。

所谓实业制度，就是在这个制度下，人人要劳动，人人有劳动权，没有失业现象，实行"按能力计报酬，按工效定能力"的原则。他还撰写了《论实业制度》《一个日内瓦居民给当代人的信》等。但他的理想和愿望都是空想，不能实现。在绝望中不能控制自己，1823年3月9日，他愤然开枪自杀。

圣西门出生在封建贵族家庭，父亲是伯爵。按说，他应该成为特权阶层的继承人和辩护士。可他却走上了相反的道路。1777年，17岁的圣西门参军，并到北美参战，与殖民地人民一起战斗，为独立而冲锋陷阵，还获了勋章。他从小同情劳动人民，为他们鸣不平。在法国大革命爆发后，许多贵族怀着仇恨心理，咒骂这场革命，或者逃到国外。圣西门却与革命群众站在一起，宣布放弃世袭的"伯爵"头衔，改称"包诺姆"，也就是"老百姓""庄稼汉"的意思。他还要求废除贵族的一切特权，主张自由平等。

后来，圣西门做生意发了财，成了十分有钱的"富翁"。他用这些钱去支持科学事业，帮助一些缺少资金的科学家进行科学实验，出版著作。他自己也努力学习科学知识，成了一个学识渊博的人。在这期间，他看到了广大工人和群众生活十分贫穷，并受着各种压迫剥削，而自己的生活也日益贫困，所以决心为工人和穷苦人而工作。他先后写了许多著作，有《一个日内瓦居民给当代人的信》《人类科学概论》《论实业制度》《新基督教》等。

他在这些著作中，对资本主义制度进行了尖锐的批评，认为它不合乎"理性"，而是富人剥削穷人的制度。他列举了工人和劳动者的悲惨状况，认为应该建立一个"人人平等、个个幸福"的新社会制度，代替这个社会。他把自己的理想制度叫"实业制度"。在"实业制度"下，社会要尽力满足人们的各种需要，而首先是"无产者"的需要；由全体人民选举领导人；工人、农民、工厂主、农场主、商人、银行家都各尽其力。圣西门的这种理想，虽然有美好的愿望与合理的内容，但实际上是无法实现的。因为他不主张用改革社会来实现，只希望统治者能良心发现，实行这种主张。

为此，圣西门曾给法国统治者拿破仑写信，希望他不要称霸欧洲，而和自己一起去建设这样的新社会。拿破仑见到信后说，这个人肯定是个疯子。圣西门没有放弃自己的主张。在他最后的著作《新基督教》中，他公开宣称自己是"工人阶级的代言人"，最终目的是工人阶级的解放。他的理论是"空想"的，可对于人们有着宝贵的启示。

◎傅立叶

傅立叶（1772—1837年），法国空想社会主义者，1772年4月7日出生于法国东部贝桑松的一个富商家庭，后来因破产而陷于困境。他先后在里昂和巴黎做商店雇员、推销员以及交易所经纪人谋生。这对他了解到商人的诡诈和投机，认识资本主义的生产无政府状态、体会到城乡的对立和劳动者的无权大有益处。他通过刻苦自学，积累了丰富的自然科学与社会科学知识。

傅立叶

他主张以他设计的"和谐制度"来代替资本主义制度。这个"和谐制度"是由一个个有组织的合作社组成，它叫"法朗吉"，在这个组织里，人人平等，共同劳动，共同享受劳动成果，接受免费教育。后来他的门徒创办《法伦斯泰尔》杂志、《法朗吉》报，并在美国建立40个"法朗吉"，均告失败。

他先后发表了许多著名的揭露与抨击资本主义制度的作品,主要有《四种运动论》《文明制度的批判》和《新的工业世界和社会事业》等。1837年傅立叶逝世,享年65岁。

空想社会主义者傅立叶

傅立叶出生于商人家庭,他从小对经商骗人的事看不惯,对穷人很同情。小时候有一次,他到父亲开的呢绒店里玩,见一个店员说谎欺骗顾客,就上前揭穿了谎言,让顾客别上当。事后,父亲打了他一顿。可他从此对经济欺诈行为更加痛恨了。九岁那年,他父亲去世。按父亲遗嘱,他在中学毕业后开始学习经商。他来到里昂,当雇员、推销员、经纪人,广泛接触了社会,还到过英国、德国、荷兰。工人受剥削受压迫的现实和资本家的贪得无厌,给了他深刻的印象,他十分讨厌经商。后来,他经营的商店因意外事故破产了,他成了别的老板的手下人,他反倒觉得是个解脱,从此开始研究社会问题,要找到根治不平等现象的办法。

为了弥补知识的不足,傅立叶开始自学,阅读了大量自然科学和社会科学的书籍,对资本主义社会的现状进行研究。从19世纪初开始,他发表了一系列论著,向人们讲述自己的观点。在《全世纪和谐》《论商业》

《新世界》等著作中,他反复指出:资本主义制度虽是"文明"的,可又是不合理的,它将被一种"和谐制度"代替。他列举了资本主义商业的36种罪恶:如囤积居奇、投机倒把、重利盘剥、偷运走私、贩卖黑奴、掺假造假等,愤怒揭露了资本家宁肯把物品烧光或扔掉,也不肯救济穷人的行为,他说:"我作为店员,就曾领人干过这可耻的勾当,有一次让人把200万公斤大米抛进了大海。"

他控诉白人资本家贩卖黑人奴隶的罪行,把黑人当作物品装进海船从非洲运到美洲,一旦被追捕就把他们扔进大海或烧死。他说:这是个"颠倒的世界",是"社会地狱",是"巧妙地掠夺穷人和使富人发财致富的组织"。要避免这些罪恶,必须"消灭它,而不是纠正它"。为此,他提出自己设计的"和谐制度",叫"法朗吉"。

在"和谐制度"里,人人平等,人人劳动,按劳动性质分成若干劳动小组,共享劳动果实。那里,没有城乡差别、工农差别。人们住在公共大厦中,接受免费教育,妇女也同样有各种权利。而当全世界普遍建立"法朗吉"时,人类可以实际大协作,去改造沙漠、开挖运河,改造大自然。但是傅立叶并不主张废除私有制,而给富人以特殊的地位。显然,他的设想是美好的,但又是不可能实现的。

为了实验这种"和谐制度",傅立叶刊登广告,说自己要在每天中午12点至1点,接见愿意出资创办"法朗吉"的有钱人。他说到做到,不论多忙,每天中午都穿上礼服在一个咖啡馆里坐等,可直到逝世,他也没等到一位肯出钱的富人。

1832年,在傅立叶逝世前五年,他和几个门徒在瓦兹省真的作了一次实验。因为钱少，只吸收了 150 人，而且几乎都是没钱的工人。这个"法朗吉"只存在一年就失败而解散了。傅立叶个人品质高尚，乐于助人，一生未娶，过着俭朴的生活。他的理想是美好的，但他想通过"设想"去改造社会是行不通的。

◎笛卡尔

笛卡尔（1596—1660年），法国数学家、科学家和哲学家，西方近代资产阶级哲学奠基人之一。笛卡尔出生于法国，父亲是律师。1岁时母亲去世，给笛卡尔留下了一笔遗产。8岁时进入耶稣会学校。1628年，从巴黎移居荷兰，开始了长达20年的潜心研究和写作生涯，先后发表了许多数学和哲学论著。1634年写了《论世界》，1641年出版了《行而上学的沉思》，1644年出版了《哲学原理》。

笛卡尔

笛卡尔的主要数学成果集中在他的"解析几何"中。1637年，笛卡尔发表了《几何学》，创立了直角坐标系，使几何曲线与代数方程相结合，为微积分的创立奠定了基础。笛卡尔一直关注着透镜理论，他在著作《论人》和《哲学原理》中，完整阐发了光的本性。笛卡尔是近代科学的始祖,黑格尔称他为"现代哲学之父"。

科学之路上的贵族

"我思故我在"是笛卡尔的名言,它至少告诉人们一种思考的方法,或者说不要蒙昧地关闭大脑,而要会开启智能,去观察世界变化。因此德国著名哲学家马克·布查尔惊呼"笛卡尔的智慧藏在思考之中!"

笛卡尔的父亲是布列塔尼最高法院的顾问,母亲在他诞生后不久即离开人世,给他留下了一大笔遗产,使他能在经济上独立自主。1604年至1612年他在拉弗莱什的耶稣会里接受教育,后来又进了普瓦泰大学,并在1616年毕业于该大学的法律系。这之后的10年中,笛卡尔的大部分时光都是在旅游欧洲以及服兵役之中度过的。最初,他参加了奥伦治亲王拿骚的莫里斯的军队,其后又投到巴伐利亚公爵马克西米连的麾下,并追随他参加了1620年在布拉格城外发生的白岭之战。

1628年至1649年,笛卡尔定居荷兰,开始了较为安定平静的生活。这段时期,他索居独处、潜心著述,构筑着自己的思想体系。1649年,笛卡尔采取了一个不太明智的举动,充任了瑞典女王克里斯蒂娜的伴读与侍从。于是,为了迁就女王对哲学的爱好,他不得不在天寒地冻的瑞典清晨

5时就陪伴女王论学,而在通常情况下,笛卡尔却总是喜欢躺在温暖的被窝中思考问题的。就这样,笛卡尔染上肺炎,而过分热心的瑞典医生的不当治疗又导致了他大量出血,因此,还不到一年,他便与世长辞了。有人说,笛卡尔是一位走在科学之路上的贵族。

怀疑一切的精神

从1596年3月31日小笛卡尔呱呱坠地的那天开始,身为著名律师的父亲就有意地将儿子培养成能够师承父志的法学家。笛卡尔降生于法国西部土伦省的小城拉哈耶,八岁时被送入拉弗莱希的耶稣会学校学习了八年,随后进普瓦界大学。他果然不负父亲所望,1616年大学毕业后便到巴黎当了律师。

笛卡尔从小就喜欢书,博览各门学科的著作,他曾自述:"别人学的,我都学了。我并不以此而满足。那些被认为是最奇怪、最不寻常的各种学科的书,凡是我能搞到的,我都把它们读完。"然而,他不满足于书本上的知识,他要走出去,去到沸腾的生活中寻找学问,去探索大自然,去了解人和社会,因此,他又曾经这样说过:"我把自己余下的青春用在旅途上。"正是这种对未知世界的探寻促成了他的成功。

笛卡尔是解析几何的奠基者之一,是杰出的数学家、物理学家和哲学家。其成功源于其怀疑一切的探索精神。笛卡尔一生所追求的是"方法"——建立真理的方法。笛卡尔对数学的贡献如此巨大,但是,在他的一生中,并没有把太多的时间花于数学。他不过是数学世界上一位匆匆的过客,以致后人说他"只是偶然地成为数学家",可是,他对数学有很深刻的认识,明确宣称,科学的本质是数学。他留给后人的财富是巨大的。由于笛卡尔把代数应用于几何,也就是由于解析几何或高等几何,函数的概念获得了新的发展和重要意义。数学中的转折点是笛卡尔的变数。有了变数,运动进入了数学;有了变数,辩证法进入了数学;有了变数,微分和积分也就立刻成为必要的了,而它们也就立刻产生。

他脑中时常蕴有异乎寻常的独特思路,例如他从提供物质世界的知识这个意义上说,并不认为代数是一门科学,而把代数看成是进行寻求未知量和推理的有力方法。笛卡尔提出了四条推理的原则,他说:"四条推理的原则是:(一)决不把任何我没有明确地认识其为真的东西当做真的加以接受,即小心避免仓促的判断和偏见,只把那些十分清楚明白地呈现于我的心智之前,使我根本无法怀疑的东西放进我的判断之中;(二)把我所考察的每一个难题,都尽可能地分成细小的部分,直到可以而且适于加以圆满解决的程度为止;(三)按照次序引导我的思想,以便从最简单、最容易认识的对象开始,一点一点上升到对复杂对象的认识,即便是那些彼此间并无自然的先后次序的对象,我也给它们设定一个次序;(四)在探求和审视过程中遇到困难时,应尽量把一切情形都列举出来,使我确信毫无遗漏。"

笛卡尔在科学上的全面发展是极其突出的，他像解析一道几何题一样，解析着自己的科学理想。

我思故我在

笛卡尔敢于向旧势力挑战，他蔑视古人的哲学，并有许多新奇思想。笛卡尔的兴趣是多方面的，他善于思考和学习，抓紧时间博览群书，搜集各种资料。他不仅重视向书本学习，而且向社会学习，向实际学习。他曾经说："我把自己余下的青春用在旅途上，我研究宫廷和军队里的人。我和各种不同社会地位、不同性格的人交往。我又搜集各种经验，并在命运安排各种境遇中考验我自己。凡我所体会到的一切我都详细研究，目的是从中引出有益的东西。"

别人看笛卡尔是一个无正当职业、古怪的人，他自己却是心怀大志，只要对他的科学研究有利，他都设法去争取。为了使他的科学研究有一个安静的环境，他毅然变卖家产，于1629年移居荷兰，并在那里写下了大量的著作。他一生重视交往，并向他所交往的人学习。他在荷兰基本上是过的隐居生活，这并不是退却，而是为了更好地实现他的主张，即使他青年时期在军队里服役期间，也没有间断科学活动。

自幼身体不好的笛卡尔，喜欢躺在床上看书、思考，有时整个上午躺在床上工作。据说，解析几何学主要是躺在床上思考、总结而成的。这在科学史上，不能不说是一个奇迹。

笛卡尔长期思考，想创造一种方法，以便解决所有的几何问题，给出这些问题的所谓一般方法。他的理论基础是坐标概念和利用坐标方法把带两个未知数的代数方程看成平面上一条曲线的观念。

笛卡尔主张一切知识都应当通过数学推理而得出，他极力宣传科学工作者应通过科学的演绎手段去解释一切自然现象。他认为，应当从最简单的公理体系出发，再加上一点实验的帮助，这样进行下去，一直到取得最复杂的认识为止。他说："几何学家们习惯于应用简单明了的逻辑推理的长链来获得他们的极困难的证明结论，这使我不禁想到，人类所能胜任的知识领域里一切事物，也是用同样的方式来互相联系的。"

笛卡尔深信，世界需要一个公式来训练合理思维和统一各种知识。为实现他的主张和观点，他进行了反复思考，但到头来并不能实现他的主张。因为"我思故我在"的观点支配着他，加之上帝这个观念是笛卡尔体系的主要基础，因此，尽管他有许多新奇的思想，但其中的不少想法是行不通的。

在建立自己的知识体系时，笛卡尔提出了以数学为楷模的理性演绎方法。他认为人们能完全弄清楚的东西，"即便是形体，真正说来也不是为感官或想象力所认识，而只是为理智所认识；它们之被认识，并不是由于被看见或摸到了，而只是由于被思想所理解或了解了。"在研究各门科学时，无例外地要使用所有人共有的同一种理性，这是存在普遍适用的方法的基础。问题在于如何运用理性，只要能找到并应用能正确指导理性思维的方法，就必然能创立一门协调统一的科学。他强调数学所展示的由最少的极清晰的概念，经确定的推理得到大量确凿结论的方法，同样可以在其他科学中实行。他的这一观念推翻了自亚里士多德以来否认在数学以外的科学中能得到如数学一样的确实性的观念。

笛卡尔对直觉在数学论证上的重要性给了肯定的回答，他说："关于我们所研究的对象，我们不应该去寻求别人的意见或者我们自己的猜测，而仅仅去寻求清楚而明白的直觉所能看到的东西，以及根据确实的资料作出的判断，舍此而外，别无求知之道。"显然，笛卡尔考虑了两种求知之道，即直觉和判断。他认为一个数学问题的推导就像一条结论的链，一个相继的步骤序列。有效的推导所需要的是在每一步上直觉的洞察力，从而说明了第一步所得的结论明显地来自前面已得的知识。

笛卡尔在他的《方法论》中还提出了解数学题的通用方法。第一，将任何种类的问题划归为数学问题；第二，将任何种类的数学问题化为代数问题；第三，将任何代数问题划归为单个方程求解。

实验方法在笛卡尔的以理性判断为最高准则的认识论体系中占有重要地位，他用许多年时间研究解剖学，对狗、猫、兔子、鳕鱼、鲫鱼作活体解剖，又从屠宰场搞来牲畜的眼、肝和心脏进行研究；他描述过关于测量空气重量及振动弦的实验；他记述了对虹、霓以及其他光学现象的观察，他把许多实践活动和经验知识收进他的科学体系。对于实验方法的意义，他认为"自然的力量如此广大"，作为推理出发点的"原则又如此简单和一般,以至我很难观察到一种特殊结果,它不能直接由那些原则以几种不同的方式推断出来","我最大的困难在于去找出该结果到底依哪一种方式依赖于那些原则",他的结论是,实验能帮他方便地做出选择。